売上目標を捨てよう

青嶋 稔
Aoshima Minoru

インターナショナル新書 146

はじめに

この本のタイトルに〝びっくり〟した方も多いのではないだろうか。「営業に売上目標がなくて、営業って成り立つのだろうか」と思ったのではないだろうか。しかしながら、よく考えてほしい。営業に売上目標があることでどのようなよいことがあるのだろうか。売上目標というのは確かに「頑張らなければいけない理由」にはなる。しかし、この「頑張る」という概念、古くないだろうか。「歯を食いしばって頑張る」「根性」、こうした概念は、今どこまで通じるのだろうか。

ジェネレーションXといわれる1965年から1970年代に生まれた世代は、子ども時代を日本経済の成長とともに過ごした。社会全体が成長していたから「なぜそれをやるのか」、つまり「WHY」を突き詰めて考える必要がさほどなかった。受けた教育は画一的だったし、世の中も今ほど激変していなかった。

現在はＶＵＣＡ（ブーカ）といわれる不安定な時代だ。

ＶＵＣＡとはVolatility,Uncertainty,Complexity,Ambiguity の頭文字をとったもので「不確実性が高く、将来の予測が困難である状況」を表す言葉だ。ウクライナ戦争、世界的なインフレ、コロナウィルスによるパンデミックなど誰が想像しただろうか。こんな不安定な時代に少年期、青年期をすごしてきた世代にとって、「ＷＨＹ」は常に大事な問いである。そして、個人個人がとても異なっている。

いまや人々を「同じような価値観を持つ集団」「同じようなバックグラウンドを持つ集団」として括ることはできない。個人の考え方が多様になった今、人を集団で括って動かそうとしても動かない。

「売上目標」はその典型的なものだ。

「目標は（会社から）与えられている。理由なんてない。目標は目標。だからやらなければいけない」。こうした考え方は、Ｙ世代（１９８０年代から１９９０年代前半生まれ）やＺ世代（１９９０年代後半から２０００年代生まれ）には理解ができない。「根性」なんていうのはアウトだ。「頑張れ」もアウトである。

「何を目的として、なぜ頑張るのか」。

将来がみえないからこそ、目標だけ与えて、頑張れでは人は動かない。

筆者は現在、野村総合研究所のフェローという立場で、上場企業の経営層と組織再編、営業、マーケティング改革などのコンサルティングを実施しているが、コンサルティング業務に就いたスタートは比較的遅い。

学生時代に、日本の製造業が戦後起こした奇跡にあこがれ、ソニーや本田技研のようなグローバル製造業のコンサルティングを生業とすることを決意した。そのためには製造業の現場を先に経験すべきと考えた。

学生時代のアルバイト先は営業に強い某情報メディアの営業職を選び、その後、新卒で国内の製造業に就職。そこから精密機器メーカーに移り、国内営業、米国にて海外営業、マーケティング、M&A、買収後の統合、組織再編を経験した。一貫して、営業、マーケティングをプレイヤーとして経験している。

営業マネジメントの経験も米国で積んだ。米国では、販売会社を買収、統合し、CRM (Customer Relationship Management/顧客関係管理) 改革のプロジェクトを推進した。いわゆるSFA (Sales Force Automation/営業支援システム)、CRMシステムなどの導入を行い、全米にある拠点を回り、営業プロセスの標準化、営業マネジメントへの教育、意識改革を行った。

私は当時から、営業組織が抱える矛盾を強く感じていた。**営業組織が考えることと、顧客の要望にはどうしても矛盾が生じるのだ。売り手はより高く売りたい、買い手はより安く買いたい、売り手はとにかく早く売りたい、買い手は必要がないものは買いたくない、**とその要望は矛盾する。

帰国後、学生時代に決意したとおり、40歳という非常に遅いスタートではあるが、経営コンサルタントとして野村総合研究所に入社した。その後、同社内で初のパートナー、更に初のシニアパートナーとなり、現職（フェロー）にある。

私のコンサルティングは実務経験に基づくものであり、その結果、多くの企業の営業改革、デジタルマーケティングの構築、組織構造改革をリードしている。守秘義務の関係で社名は書けないが、その多くは皆さんもご存じの大手企業だ。

私はかつての営業経験、営業組織改革、ＣＲＭプロジェクトマネジメント、買収と統合、組織再編などの実務経験を常に自分の宝だと思っている。もし、私が最初から経営コンサルタントであったら、今の経営コンサルタントとしての実績はなかっただろうと思う。それだけ営業という経験は貴重なのだ。

ただ、営業経験は貴重であると同時に、従来の〝どぶ板営業〟に慣れ、何の疑問も感じずに続けていたのでは、変化の激しい時代に通用しなくなることも、もう一方の事実だ。

市場の変化、顧客の変化、更にインターネットやブロードバンドなどの技術の進化により、売り手と買い手の関係性はこれまでとは全く異なってきている。それに気づかずに、売上目標やノルマ必達で、売り手の論理を振りかざした営業を続けていても、成長は望めない。

これからの時代、会社に従属する社員は不要だ。会社に言われたことに何の疑問も感じず、遂行しているような人材は、どこの会社でもいらなくなってくる。そのような**従順な人材が集まる会社は競争力が落ちていくだろう。**自ら考え、自らのキャリアパスを構築する強い成長意欲を持つ人材が集まる会社が成長する。

求められるのは売上目標による管理ではなく、より良い顧客体験の実現だ。市場や顧客を洞察し、顧客にとっての価値を共に創造（想像）する組織になることだ。それはもはや、〝もの〟や〝サービス〟を売る組織（人）ではなく、事業開発のパートナーに近いかもしれない。

私は学生時代に情報メディアを、精密機器メーカーでは情報機器を販売していたが、売上目標の達成は全く関心事ではなかった。それでもトップセールスであったし、現在も野村総合研究所での実績はダントツだ。今でも自らの数字は気にしたことがない。数字を達成することよりも、市場の変化、顧客の成功、より良い顧客の体験を創出することに対する強い成長意欲を持って顧客と接している。**数字は、結果としてついてくる。**

商品を売りに来ているだけの組織（人）と、より良い体験や顧客の成功に強いこだわりを持っている組織（人）、顧客はどちらに会いたいだろうか？　後者のほうがいいに決まっている。

本書では、これまで私が実際にコンサルティングをしていく中で見聞きした企業の活動や、レポート執筆のために取材した各社の先進的な取り組みを紹介する。私自身の営業経験に基づく内容も多い。先にお伝えすると、本書の問題提起は「自社の製品を起点に顧客にアプローチするのか」と、「顧客理解と顧客体験、顧客の成功を第一に考え行動するか」の違いだから、組織によっては（あるいは人によっては）天動説が地動説になるくらい、大きな転換になるかもしれない。そのいずれも、筆者が現場を歩いて集めた知見である。

本書が、読者の営業活動の一助となれば幸いである。

目次

第2章 営業依存のプロセスはいらない 45

び選ばれる関係」の海外／求められる人的資本への投資／副業解禁、個人事業主制度の導入も／個人が持つべき明確なキャリア志向／デザイン思考を身に付けよう／意識してスキルを磨いた人材は引く手数多

おわりに

第1章　売上目標はいらない

売上目標の3つの弊害

「WHY」がない目標、つまり自ら「なぜ（この目標なのだ）？」と理由を考えていない目標には、主体性がない。他者から与えられたものだ。これは世代を超えて共通して言えるのだが、人から与えられた目標ってやる意欲が高まるだろうか？「君はいくら売らなければいけない」と（自ら考えずに）目標が決まっている場合と、「WHY」も含めた目標設定から自分で考え、そして目標が定まる場合と、どちらがやる気になるだろうか？

これは自明の理である。

でも売上目標はなくならない。なぜかといえば、会社全体でそれを設定しているからだ。最初に会社全体の売上目標があり、それが部門に割り振られてくる。天から舞い降りてくる目標には逆らえない。

だが**売上目標の設定には大きな弊害がある。**本章ではまず、その弊害を見ていきたい。

筆者が考える売上目標の弊害は、**①管理職の思考力低下、②自社中心思考になりやすい、③組織内の個人が見えなくなる、**の3つである。

①　管理職の思考力低下

日本の営業組織の管理職は、思考回路が十分機能しなくなってしまうことがある。これは「目標とは与えられるもの」で「目標の必達」がゴールになっているからである。上司に言われたことをやる。必達する。それが過去はよいとされていた。

しかし考えてほしい。**課題発見、目標設定は人間にしかできないことだ。**コンピュータが発達しAIが普及すると、多くのことはAIができるようになってしまう。そんな時代に人間にしかできない最も尊いことは、「問題点を自ら発見し、課題設定し、目標を定める」ということだ。

そのようにして設定された「主体性のある目標」には常に理由があり、目標を設定した人は理由を説明することができる。そしてそれを聞いた人は共感したり、もしくは共感できなかったり、意見を言うことができる。意見を戦わせれば議論が生じ、その結果、集団としての目標ができる。

だが、上から与えられた（主体性のない）売上目標の場合、もう目標が決まってしまっているから、管理職はその理由を考えなくてもいい。日本の管理職は字のごとく、管理する人、がほとんどだ。ノルマ必達でその達成状況を管理する。それが未達であれば未達の理由を報告する。こうした管理職は、存在感が薄れるばかりだ（本人たちの負荷は高くなり、やる気の減退も起こりうる)。付加価値がどれだけあるだろうか。

筆者も以前、日本企業で営業をしていた。**最も嫌いだったのは、月曜日の朝の営業会議だ。**営業会議の目的は「各見込み状況から、今月の見込みの数が十分積み上がっているかを見ること」にある。なお「見込み」とは購入に至りそうな「見込みのある客」のことだ。これは非常につまらない会議だった。いつもノートに落書きをして、早く終わらないかと思っていた。**単に数字の足し算をしている会議**だから、発見もない。個々の営業担当者の数字を積み上げるだけの場に、みんな集まる必要があるだろうか? おそらく意味はさほどない。足し算するだけならメールで集計すれば十分だろう。こうした会議をすることが仕事になってしまう日本の営業部門の管理職は全く悲劇で、加えて時間もとられて大変だから、結果的に創造性がない仕事になってしまう。

② 自社中心思考になりやすい

売上目標の2つ目の弊害は、自社中心の思考になることだ。

売上目標自体は顧客にとって何の価値もない。この売上目標必達で物事を考えると、数字必達となり、極端なことを言えば押し売り、押し込みとなる。

月末、期末になると叩き売ってでも数字を必達してくる組織は、世の中にとって価値がある組織なのだろうか？　今月の数字を達成しなければいけないのは自社都合で、世の中の困りごとではない。顧客の困りごとでもない。お値段を安くするならば、買う側から見たらディスカウントという意味で経済的な便益は出ているかもしれないが、それも一時的なものだ。自社中心に考えることは顧客からの共感を生まない。

先述した営業会議だが、こんな会話が多かった。「各見込みの状況は？」「今月クロージング（契約締結）できるのか？」「いつクロージングできるのか？」。

クロージングする相手は顧客だが、対象となる顧客にとって、クロージングされることにメリットがあるかといったら疑問が残る。売り手の都合で押し込まれてくるので、うっとうしいと思うことも多いだろう。

「顧客にはどんな問題点があり、何をしたら解決ができるのか？」という議論を本当はもっとしないといけないのだが、売上目標があると「そんなことより、大事なのはいつ、いくら、数字が積み上がるか」になりがちだ。もちろん例外もあるだろうが、売上目標は「自社のことを中心に考える」という弊害をどうしても生んでしまう。

売上目標の話は楽しくない。その理由は、売上目標の向こう側に顧客の笑顔が見えない

からだ。売上目標を達成すると顧客は喜ぶだろうか？　製品、サービスを売りたい、今月どうしてもクロージングしたいという営業担当と、消費者として接したことがある人も多いだろう。こちらの都合を考えずにクロージングしたいと迫る、住宅セールスや自動車の営業担当を、消費者としての経験から考えてほしい。売上目標の向こう側に顧客の笑顔はなく、売り込みをしてくる人間にはあまり会いたくないというのが、消費者の本音だろう。

③ 組織内の個人が見えなくなる

売上目標の3つ目の弊害として、自社組織にいる個々人が見えなくなるということがある。営業組織も組織であるから、構成しているのは一人ひとりの個人である。個人は、それぞれ違う考え方を持っており、顧客に対して異なる洞察を持っている。顧客がどんなことに困っているのか、それに対してどうすべきか、様々に考えている。

しかし、売上目標はこうしたことに光をあてなくなる。数字必達の組織にとって、営業のパイプライン（受注までの営業プロセス全体）は短いほうがいい。売れるものを短期間で売って、数字を積み上げるほうがいいのだ。こうした管理を続けているうちに、自社の営業担当者のそれぞれの様子が見えなくなってしまう。

どんなキャリアパスを描きたいのか？　今、担当している顧客と関わることにどのような意義を感じているのか？　そして顧客がどのような問題を抱えていると見ているのか？それをどうやって解決したいのか？　様々なことを考えているだろう。こうした**個々人の考え方を育てていくことがとても大事**なのだが、毎回会議で数字が目標に届くか届かないかだけ議論していても、それらは育たない。育たないばかりか、ビジネスパーソンとしての抱負やキャリアへの想い、顧客に貢献したいという希望は次第に失われていき、それらを表明すること自体に、徐々に意義を感じなくなってしまう。

「顧客の成功」への転換

このように売上目標という存在は、管理職の思考力を低下させ、自社中心の思考に偏らせ、数字必達の管理で組織内の個人個人が見えなくなり、結果、現場の営業担当者の成長意欲を減退させていく。実に弊害が大きい。

ではどうすればいいのか？　ここで読者の皆様が感じていることは、「**売上目標をなくしたとき、それに代わる組織の目標は何になる？**」ということではないだろうか。これまで組織を管理するために売上目標を使ってきた企業は、売上を目標から外すことで、組織が目指すべき場所や組織管理のルールまでなくなってしまうと感じるに違いない。

本書で提言したいのは、売上目標ではなく、**「顧客の成功」を組織の目標に据えよう、**ということだ。組織が目指すべき目標を、売上目標という数字から「顧客の成功」へ転換するのである。自社が売りたいものを売ることにより売上目標を達成するのではなく、顧客が真に何を求めているのかを考え、それを実現するためにはどうしたらいいかを考えていく。

次項より、売上目標ではなく「顧客の成功」を第一に考え、その実現のため組織を改革し、成功した企業の事例を3つ紹介したい。

【事例】大和証券：売上目標を廃止しビジネスモデルを転換

顧客満足度を最優先の指標に

大和証券株式会社がその典型的な例となる。同社は2017年に中期経営計画の目標も、株式、投資信託といった個別商品の構成に関する売上目標の設定もなくしてしまった。目標を設定し商品別の売上ノルマが各営業店に割り振られていく流れを、抜本的に廃止した

図表1 大和証券のNPS®導入と展開フェーズ

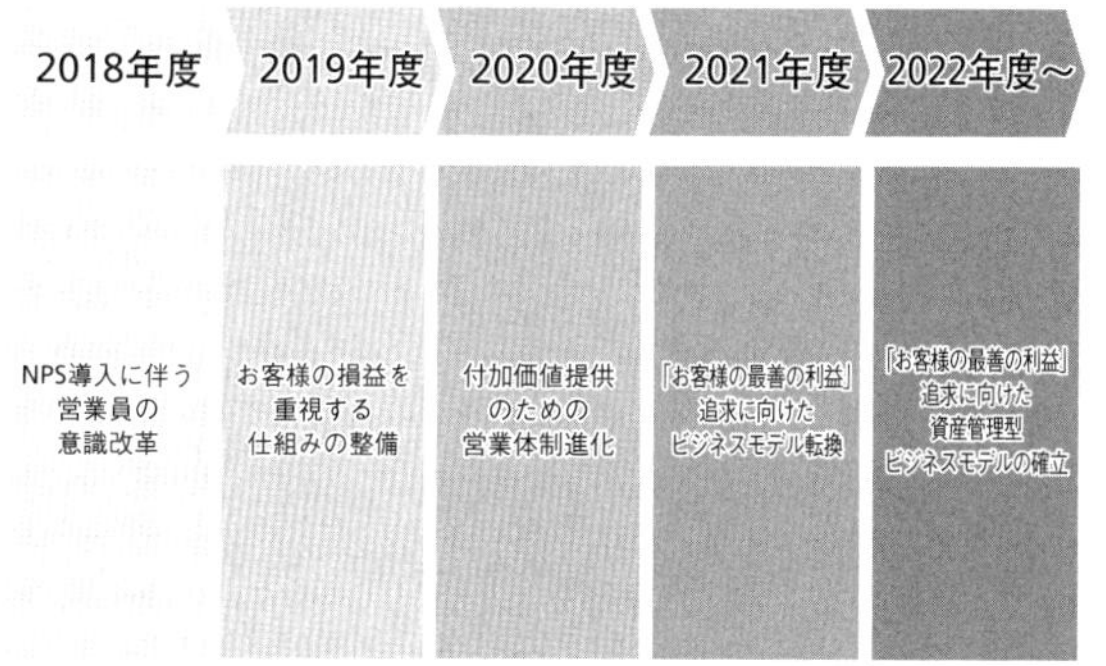

出所：大和証券HP「お客様第一の業務運営を実現するための取組事例」をもとに筆者が作成

のである。

17年より個別商品の販売目標をなくした同社は、同年に顧客に最も近い営業店が主体となる、ボトムアップ型の営業推進体制を導入し、18年度には顧客の満足度を計測するためＮＰＳ®（Net Promoter Score®／ネット・プロモーター・スコア）という指標を導入した（**図表1**）。ＮＰＳ®は「その商品・サービスを友人や同僚に薦めたいか？」という質問への回答から算出される指標で、自社の商品・サービスについての顧客ロイヤルティを数字で把握できるものだ。その後、19年度には社員の評価体系に「お客様の運用パフォーマンスに関する項目」を組み入れ、顧客の利益を第一に人事評価を行うように、社内の仕組みを整備。20年度には、顧客へ高い付加価値を提供するための営業体制へ移行している。

同社は売上目標をなくしNPS®を導入することにより、自社が売りたいものではなく「顧客が何を求めているか」「顧客の成功とはどのようなことか」を真摯に考える組織へ変化を遂げた。これは個別商品を販売するビジネスから、顧客からの信頼・満足度を基盤とし、預かり資産から手数料を受け取る「資産管理型ビジネス」への、ビジネスモデルの転換である。

本部と営業店のパイプ役が改善活動を把握

同社の取り組みをもう少し細かく見ていこう。一連の活動を推進しているのは、NPS推進部と呼ばれる部門である。この部門の主な業務は「NPS®のスコアが良い・悪い」という評価をするのではなく、各営業店の改善活動に取り組む姿勢や内容を把握することだ。

NPS推進部には40名弱が所属しており、そのなかの14名はインターナルホールセラーと呼ばれる役職で、全国を回り営業店の実績を確認している。インターナルホールセラーは20年ほど前に設置された役職で、優秀な営業担当者から選出されており、長年にわたり本部と営業店のパイプ役として重要な役割を果たしてきた。現在では、NPS®の推進役として営業店の改善活動のサポートや、営業現場の声を本部に伝えるなど、その浸透度合いの確認役を担っている。さらに個々の営業担当者とのコミュニケーションを通じ、NPS®を個人レベルで浸透させる役割も果たしている。

NPS®は「その商品・サービスを友人や同僚に薦めたいか？」という質問への回答から算出される指標だと説明したが、どのような仕組みで顧客の声が吸い上げられ、具体的な営業活動に反映されているのかについても触れておこう。

これは営業担当者が特定の活動を行うと自動的にアンケートが顧客に発送され、結果がNPS推進部に届けられる仕組みになっている。顧客からの意見、要望についてはNPS推進部にて集約と分析を行い、顧客を担当する営業店へフィードバックされる。営業店単独では改善できない場合はNPS推進部が調整に入り、本部の関連部署にフィードバックされ改善策が探られる。商品・サービスに関するフィードバックは、開発を担う本部の部署にも共有される（**図表2**）。こうした活動は社長にも定期的に報告されており、全社一丸となって顧客の声に対する改善活動を行う仕組みになっている。

営業店での営業担当者に対するフィードバック（顧客の意見）は、上席者が確認したう

図表2　顧客の声に基づく営業店と本部部署の改善活動

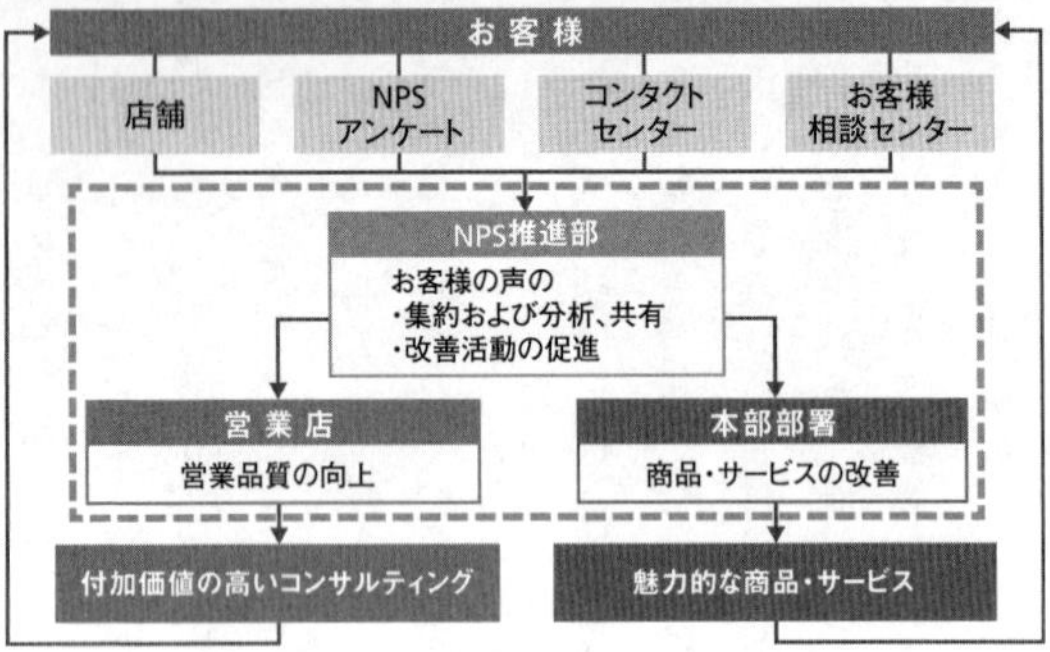

出所：大和証券HP「お客様第一の業務運営を実現するための取組事例」

えで適正に行うことになっているが、そのためには上席者（営業店の課長クラス）の知識強化と部下とのコミュニケーションの強化が必須となる。そこで同社では、課長クラスの人材に対し、相続、不動産、M&Aなど金融に関連する知識を幅広く身に付けるように呼びかけ、より幅広く対応できるように求めている。

対面証券会社5社の中で3年連続1位

その他、同社では様々な全社的取り組みが行われている。その一部を紹介しよう。

17年から全社員を対象にCQ1会議（Clients first, Quality No.1）を実施し、同社の歴史や企業理念、市場環境について学び、一人ひとりが目指すべき方向を考えることで、顧客に選ばれる証券会社となることを目指している。

コンタクトセンターやお客様相談センターでは定期的な研修を通じて、応対品質の向上を行っている。さらに、本社で定期的に「お客様満足度協議会」を実施することで、商品やサービス改善に取り組んでいる。

営業担当者に対しては、「NPS行動指針」を策定し、顧客を第一に考える営業活動を推進している。この行動指針は「お客様を深く理解する」「お客様の資産形成および資産寿命の長期化に貢献する」「お客様に資産面の安心を提供する」という3つの原則からなり、行動指針の浸透のために、社内広報誌や社内放送を通じたメッセージの発信のみならず、各役員が全国の営業店を訪問し、社員との交流や意見交換をしている。

同社が行動指針を重視するのは、顧客からの信頼が持続的成長の源泉と考えていることの表れと言えよう。こうした活動が、グループ全体の一体感創出、社員のモチベーションとエンゲージメントレベルの向上に寄与している。そして実際に、対面証券会社5社を対象としたNPSベンチマーク調査（対面証券部門／NTTコム オンライン・マーケティング・ソリューション株式会社が実施）において、19年から21年まで3年連続で第1位を獲得、22年は惜しくも1位を逃したが、23年には再び1位に返り咲いている。

手数料ゼロに向かう業界で生き残るために

大和証券では組織全体でＮＰＳ®を推進することにより、顧客を主語としたコミュニケーションが活発になり、部門間の壁が低くなった。また上司と部下との間のコミュニケーションも増え、顧客との関係性も大きく改善している。結果として、組織全体で顧客とのコミュニケーションが向上し、相続、不動産、Ｍ＆Ａなどのビジネスの機会も増えている。

証券業界では、売り手と買い手の仲介をする際の手数料はゼロの方向に向かっている。そこで大事になるのが包括的なコンサルティングだ。ＮＰＳスコアと顧客の投資パフォーマンスとの関係性は高く、同社はＮＰＳ®の活動を通じて、顧客との太く長い繋がりを実現させている。

※注：部署名等は２０２２年当時のもの。ネット・プロモーター、ネット・プロモーター・システム、ネット・プロモーター・スコア、ＮＰＳ®、そしてＮＰＳ®関連で使用されている顔文字は、ベイン・アンド・カンパニー、フレッド・ライクヘルド、NICE Systems, Inc. の登録商標又はサービスマークです。

【事例】コマツ：売上目標より顧客の理想状態を重視

新興国メーカーの台頭、品質で戦う限界

大和証券はＢｔｏＣ（Business to Customer／企業と消費者の取引）の事例だった。次にＢｔｏＢ（Business to Business／企業間取引）の事例として、株式会社小松製作所（以下、コマツ）を紹介したい。

建設・鉱山機械の製造販売を行っているコマツは、顧客のパートナーとして選ばれるための活動を長く続けている企業だ。同社のサイトにある表現を引用すれば「お客様にとって、コマツでなくてはならない度合いを高め、パートナーとして選ばれ続ける存在になる」ための活動――、これをブランドマネジメント活動と呼び、２００７年から実施している。

コマツがブランドマネジメント活動を始めた背景には、新興国メーカーの台頭と、顧客のニーズの多様化がある。先に、コマツの品質管理の歴史とブランドマネジメント活動に至った経緯について触れておこう。

同社は１９２１年に創業し、国内から海外に進出していく過程で、世界最大の建機メー

カーであるキャタピラー社の日本進出に対抗するため、短期間で世界一流の品質を持つ製品をつくるTQM（Total Quality Management／総合的品質管理）に注力するようになる（61年〜）。その後、64年にはデミング賞（日本科学技術連盟によって制定された、日本で工業製品の品質管理に功績のあった企業や個人に与えられる賞）を受賞するなど、品質で他社を凌駕してきた。2000年代に入ると中国の三一重工業、韓国の現代らが台頭するが、価格差はあれども品質面でコマツが大きくリードしていた。

だが、これらの新興メーカーが次第に品質を大きく向上させていく。業界全体の技術の進展や顧客ニーズの変化も加速し、かつ多様化していった。

一方でコマツは1970〜80年代に海外へ進出し商品の輸出拡大を続けたが、建設機械の使い方は地域で異なるため、海外売上比率が増加し、海外現地法人や代理店などの商流・ネットワークが拡大する中で、日本の本社と顧客の距離が遠くなっていた。これでは市場の変化や顧客の多様なニーズに迅速に対応はできない。結果的に、コマツの市場への対応は追い付かなくなっていった。

コマツが再び顧客に選ばれるためには、製品の品質面だけではない「選ばれる理由」が必要だった。これまでのTQM活動だけでなく、顧客に選ばれる存在になるために、新たなマーケティング手法の確立が必要となったのだ。

それがブランドマネジメント活動である。

ブランドマネジメント活動を始めたもう1つの大きな理由に、コマツの経営に関する考え方も挙げられる。

コマツは「企業価値とは、我々を取り巻く社会とすべてのステークホルダーからの信頼度の総和である」と定義し、自社の企業価値を高めることを経営の基本としている。ステークホルダーを「企業価値を創る人」と、「企業価値を評価する人」とに分類した場合、唯一、両方の役割を担うのが「顧客」だ。同社は顧客のことを、コマツの企業価値を共に創り、評価し、成果としてリターンを与えてくれる存在だと考えている。

そして「顧客からの信頼度を高めること」を、「顧客にとって、コマツでなくてはならない度合いを高める」「その結果、パートナーとして選ばれ続ける存在になる」と定義し、ブランドマネジメント活動に取り組んでいる。

根幹にある独自のコアコンピタンス・アプローチ

ブランドマネジメント活動の根幹には、コアコンピタンス・アプローチと呼ばれる独自の顧客アプローチ法がある。コアコンピタンスとは、企業の中核となる能力を指す。このアプローチでは、最初に顧客視点に立って自社で何ができるかを考え、それを踏まえて競合他社と比較し、自社の優位性を見出していく。

一般的なマーケティング手法は、最初に競合他社と自社を比較し優位性を検討しそれを競争力として顧客にアプローチする、ポジショニング・アプローチだろう。これに対して、常に顧客を第一に考える手法がコアコンピタンス・アプローチである。「顧客が何を目指しているのか」という理想や使命、目標を考え、それを実現するために、自分たちの持つ経営資源や能力を開発、提供し続ける活動を行っていく。

こうした活動も、従来は経験や勘に頼る分野であったが、コマツでは、様々なツールや手法を用いて、ケーススタディを「見える化」し、ノウハウを蓄積して、それを次世代に残そうとしている。

ブランドマネジメント活動では、顧客と長期的な理想やありたい姿を書き出してもらうところから始め、コマツも一緒になって議論を深め、顧客の理想を理解していく（図表3）。そして抽象的な理想を、コマツが協力しながら使命や目標にまで落とし込んでいく。そのうえで、目標に対してコマツの経営資源と能力を使って何ができるかを検討し、最終

図表3 ブランドマネジメント活動の流れ

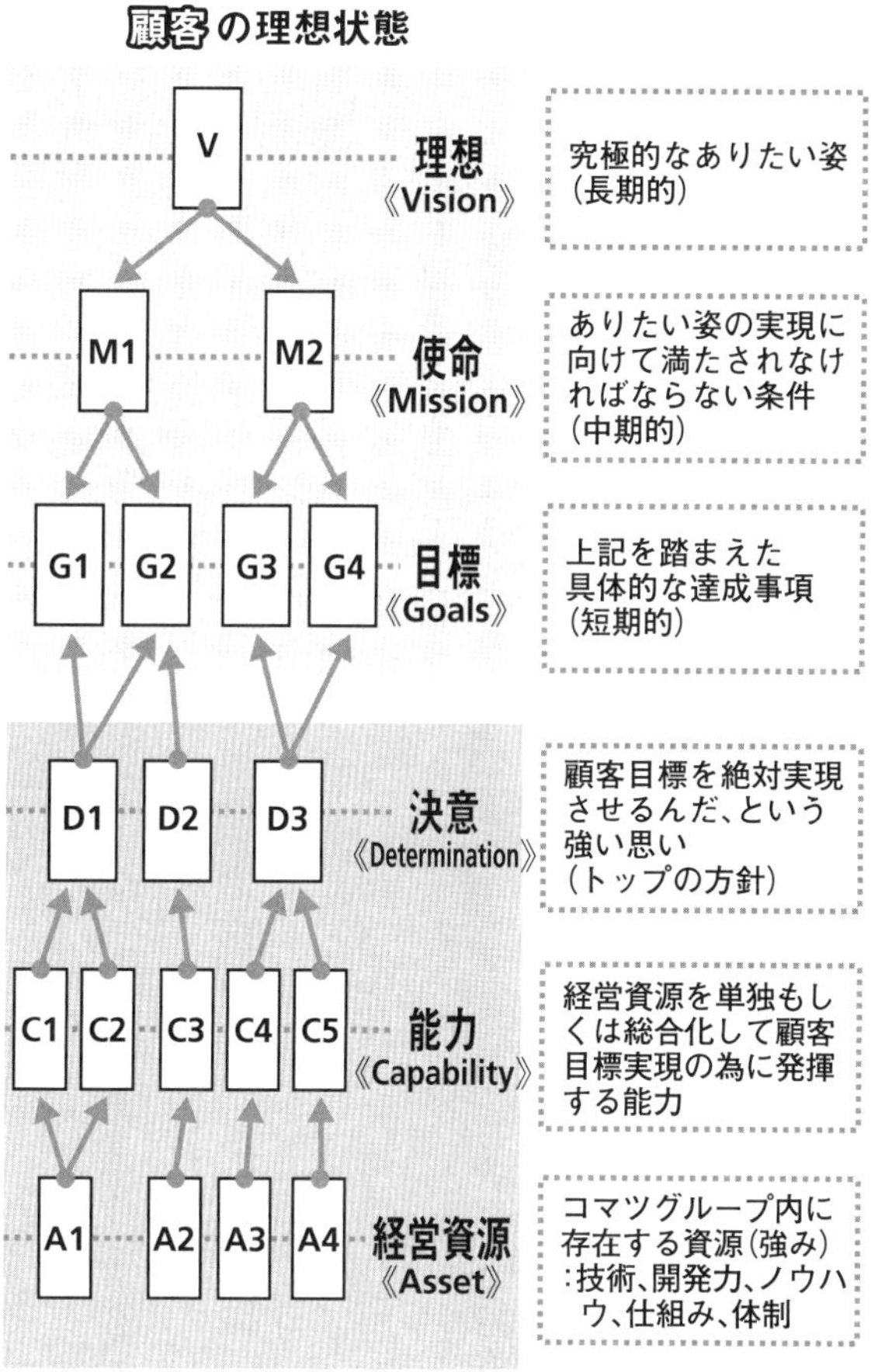

出所：コマツ、顧客関係性相関チャート

的には「決めたら絶対実行する」というトップの決意で実行に移す。こうした過程を経ることで、行うべき活動の全体像も把握できる。

ただし、すべての顧客にこれを展開するのは無理があるため、地域ごとに、先進的かつ業界内でも発信力・影響力のある顧客（リードカスタマー）を2、3社絞り込んだうえで実施している。選定にあたっては、地域における重要度や取引年数、コマツ製品の保有数といった実績も含め多面的に検討しているという。

顧客にパートナーと認識してもらうために

同社では、活動成果を見るための指標として、顧客とコマツの関係性を7段階で表した評価ツール（図表4）を用い、定期的に評価をしている。ブランドマネジメント活動の対象となるのは、レベル3もしくはレベル4のリードカスタマーだ。活動を通してそのレベルを段階的に引き上げていくのだが、その際に大事なのが「個々の顧客との関係性レベルの向上や低下に一喜一憂しない」、ということだ。あくまで長期的な視点で、ブランドマネジメント活動は続けられている。

この活動は、始めた当初（07年）より、現場の不具合解消を実現するなど様々な成果を

図表4　顧客との関係性を7段階で表した評価ツール

❼ •**コマツは自社になくてはならない** •コマツなしでは事業が成り立たない •一緒に成長していきたい

❻ •**コマツに何かしてあげたい** •助けてあげよう •一緒に何かを作りたい(短期)

❺ •**これからもコマツを買い続けたい** •コマツが一番頼りになる •これからもコマツと付き合いたい

❹ •**コマツを買ってよかった** •期待どおりだった

---

❸ •損はしない •当たり前のことが当たり前にできる •他のメーカーと一緒ぐらいのことはできそうだ •**コマツでも大丈夫かな**(一台買ってみようかな •可能性あり)

❷ •**話は聞いてやろう**

❶ •**付き合うに値しない** •付き合いたくない •出入り禁止

出所：コマツ、顧客関係性7段階モデル

上げていたが、顧客からコマツに対する期待は、あくまでも「壊れない機械を低価格で提供してほしい」というものであった。顧客に何をしてほしいかと聞くと、「壊れない機械」「低価格」という答えが返ってきた。当時の顧客からすれば、コマツは機械を提供するメーカーであり、理想状態を実現するためのパートナーという認識ではなかったわけだ。

変化が訪れたのは10年頃からだ。ブランドマネジメント活動は現場の不具合解消から改善提案へと発展し、15年頃に同活動は「顧客の成長のため」「課題達成のための活動」と、理解されるようになる。地道な活動により顧客側の意識にも変化が起きたのだ。今では、コマツが協力しながら、顧客の理想を描き、具体的な使命や目標にまでブレークダウンしていく活動へと進化している。

コマツは、短期間に売上や利益、シェアを上げることを目指すのではなく、「ブランドマネジメント活動」を通じて、顧客と対話をし、現場を訪問する中で、顧客からの信頼度を高めていった。同時に、関わる社員や組織、代理店などの関連組織のレベルを向上させてきた。売上目標よりも、顧客の理想状態を実現できる組織になることに重点を置き、組織全体の改革に臨んだ。

時間をかけて顧客に向き合うことで、コマツは、機械を提供するメーカーから理想を共有するパートナーとして選ばれる存在になっていったのだ。

【事例】ソニーグループ：販売台数から顧客体験に軸足を移す

パーパス策定で11万人に共通する視点を掲げる

ソニーグループ株式会社には、「クリエイティビティとテクノロジーの力で、世界を感動で満たす。」というパーパス（存在意義）がある。これは自社の在り方を明確にしたものだ。多様な事業に関わる11万人の全社員が同じ長期視点を持ち、価値を創出するためのものとして2019年に策定された。同時にバリュー（価値観）も策定され、「Purpose & Values」として認知されている。これらは、「ソニーグループとして何を目指しているのか」「何のために存在しているのか」について共通認識を醸成することにより、〝人の心を動かす〟こと、そしてあらゆる事業の中心にあるのは〝ひと〟であることを明文化したのである。

ソニーグループはこの「Purpose & Values」に基づいて、それぞれの事業がどのような価値を創造するのかを策定し、外部に開示をしている。

例えば現在、主力事業であるゲーム&ネットワークサービス事業においては、事業のありたい姿を、「To Be "The Best Place to Play"『最高の遊び場』を実現する」とし、創出価値を、①感動体験で人の心を豊かにする、②クリエイターの夢の実現を支える、としている（**図表5**）。

このゲーム&ネットワークサービス事業を担う株式会社ソニー・インタラクティブエンタテインメントを事例に、ソニーグループがどのような目標をもって事業を展開しているか紹介したい。

販売台数から月間プレイ時間の継続的な把握へ

過去、ゲーム＆ネットワークサービス事業では「プレイステーションの販売台数」を目標として設定していた。だが同社が目指すのは、「感動体験で人の心を豊かにする」ことだ。これを遂行していくためには、より顧客体験に軸足を置いた目標設定をすべきである。そこで同社では、目標を販売台数ではなく、ユーザーあたり月間プレイ時間、ゲームプレイDAU／MAU（％）などに変更した。DAUとは、一日のアクティブユーザー数、MAUとは月間のアクティブユーザー数である。つまり、購入してもらった台数ではなく、購入してくれたユーザーがどれだけアクティブなユーザーとなっており、どれくらいの時間、プレイステーションで遊んでいるのかを数字で追いかけ続けることにしたのだ（図表6）。

顧客体験を高めながら継続的に収益を得るビジネスモデルをリカーリングモデル（詳細は第3章にて解説）というが、ソニーグループは、全社でリカーリングモデルへ事業転換を進め、収益を大きく伸ばしている。

実際に、ソニーグループのゲーム＆ネットワークサービス分野の売上と利益の変遷を見てみよう。02年にBBユニットという外付けネットワークユニットを発売し、06年にはプ

図表5 ソニーグループのゲーム＆ネットワークサービス事業

ゲーム＆
ネットワークサービス
事業のありたい姿
To Be "The Best Place to Play"
「最高の遊び場」を実現する
創出価値
① 感動体験で人の心を豊かにする
新しい体験、豊かな経験、多様なコミュニケーションとエンタテインメントが享受できる、「最高の遊び場」を提供し続けます。そして、ユーザー同士のインタラクティブなつながりが実感できるフィールドを創造します。
② クリエイターの夢の実現を支える
製品やサービス、周辺機器の提供を通じて、クリエイターが自身の創造性や革新性を存分に発揮し、世界に届けられる環境を生み出し続けます。

出所：ソニーグループ株式会社「Corporate Report 2022」

図表6 PS4とPS5に見るユーザーのゲームプレイ度合い

指標	PS4（2015年3月）	PS4（2022年3月）	PS5（2022年3月）
ゲームプレイのアタッチレート（%）（ゲームプレイMAU / プラットフォームMAU）	92%	87%	94%
ゲームプレイDAU/MAU（%）（平均ゲームプレイDAU / 平均ゲームプレイMAU）	39%	38%	46%
MAUのリテンションレート（%）	86%	82%	88%
ユーザーあたり月間プレイ時間（H）	44.1	39.7	50.0
PS Plus加入者 アタッチレート（%）（PS Plus会員数 / アクティブコンソール）	33%	61%	82%
LTD ストア取引 アタッチレート（%）（ストア取引アカウント数[1]/アクティブユーザー数）	36%	34%	62%
LTD ゲーム取引アタッチレート（%）（有料ゲーム取引アカウント数[2] / アクティブユーザー数）	67%	47%	71%

1 ストア取引には、適合する支出からのデジタルフルゲーム取引およびアドオン取引を含みます。プラットフォームは、対象となるコンテンツの種類や取引デバイスの種類によって定義されます。
2 ゲーム内取引には、適合する支出からのデジタルフルゲーム取引、パッケージ販売およびアドオン取引を含みます。プラットフォームは、対象となるコンテンツの種類や取引デバイスの種類によって定義されます。

出所：ソニーグループ株式会社「事業説明会 2022」

レイステーション3を発売、ネットワーク機能を標準搭載とした。10年には「PlayStation® Plus」というサブスクリプションサービスを開始し、15年から17年の中期経営計画において、リカーリングモデル事業の強化戦略を発表した。リカーリングモデルに大きく戦略転換をした結果、21年度のゲーム&ネットワークサービス分野の売上は、約2兆7400億円、営業利益は約3460億円。売上に対する営業利益率12・6%の高収益事業となった。

ソニーグループの事例は、販売台数という売上を追うのではなく、顧客体験を高めていくことが、企業収益をも大きく高めることを実証している。

売上目標を捨てよう

売上目標とは、会社からのブレークダウンであり、与えられたものである。そのため、「なぜこの目標なのか?」という主体的な問いも、主体的な理由もない。与えられた目標を実行するのみとなり、組織の考える力は落ちる。管理職の思考力低下は、顕著であり、与えられた目標を伝達し、実行を促すので、組織は活性化しない。また、自社中心思考に陥りやすく、顧客や市場環境の変化が見えなくなってしまう。

内部でも、組織内の個人個人が見えなくなってしまい、営業担当者が顧客をどのように洞察しているのかが把握できなくなる。その結果、組織全体のモチベーションも落ちる。

これを抜本的に改めることが必要であり、提案したいのは、売上目標ではなく「顧客の成功」を考えるということである。

事例では、大和証券とコマツ、ソニーグループを紹介した。大和証券は、顧客の資産ポートフォリオにおける成功をめざし、NPS®で定量的にその成果を把握している。コマツはブランドマネジメント活動で、顧客の理想状態を描き、全社部門横断でその活動を進めている。ソニーグループは「Purpose & Values」に基づき「感動体験で人の心を豊かにする」ことに軸足を移し、従来の販売台数目標を捨てた。この転換により、社内の風土も大きく転換していったという。より人に近づくことで、顧客とともに学ぶ組織へと変わっていったのだ。

顧客の成功を実現するということは、顧客理解がなければできない。何が顧客の理想状態なのか、それを知らなければならない。そのためには、「顧客理解ができていない」ことと自体を直視しなければならない。

顧客や市場の変化を捉えた上で、何が顧客の理想状態かを理解し、その実現、顧客の成功に向けて全社横断で取り組むところから、すべては始まる。

第2章　営業依存のプロセスはいらない

営業プロセスの4つの弊害

営業を行っている会社が取り入れている典型的な管理手法に、「営業プロセス」の管理がある。「営業プロセス」とは、初回訪問から、見込み化、提案、クロージング（契約締結）、納入、フォローアップといった、営業活動の過程・工程（プロセス）全体の流れを指す。この流れ全体を管理するのが営業プロセス管理だ。営業プロセス全体を一本のパイプラインに見立て「パイプライン管理」とも呼ばれる。

これは多くの営業部門で行われている手法だが、**主語は常に売る側にある。**その結果、顧客と対話していても**常に自社中心的な会話**となる。一昔前の、製品をプッシュ型で販売する時代には、このような管理手法は機能していた。だが顧客のニーズは大きく変化しており、今や時代と合致しなくなっている。

本章では、まず営業プロセス管理の弊害について述べてみたい。筆者が考える弊害は大きく4つに絞られる。**①顧客視点が弱くなる、②購入後の議論が乏しい、③営業担当者の知見が他部門に共有されない、④営業担当者のやりがいが起きにくい**、という4つの点だ。

① 顧客視点が弱くなる

営業プロセス管理は結局、**今月いくら売れるのかという数字の管理**になりやすい。その結果、「市場や顧客にどのようなことが起きているのか」という議論にフォーカスがあたりにくくなる。主語は常に自社であり、顧客ではない。営業プロセスの議論を積み上げていっても、顧客に対する理解は深まらず、顧客視点は弱いままだ。

営業プロセス管理では、進捗が速いほどいいとされ、入り口が多いほどいいとされる。なるべく見込み客を増やし、なるべく速くプロセスを進め、提案、クロージングに持っていくことがいいとされる。こうした自社都合で議論をしていると、どうしても顧客の変化が見えなくなるし、**顧客の変化に対する議論に十分な時間を割きにくい**。

市場環境は常に変化している。顧客が欲しいと感じるものは、すでに大きく変化しているかもしれない。自社の売りたいものが複合機でも、顧客は「電子化により、働き方を変えたい」と思っているかもしれない。そうした顧客に複合機の商談を持ちかけても、顧客にとって意味はない。自社が工作機械を売りたいと考えていても、顧客の問題意識は「ライン全体の最適化」にあり、「デジタルでのラインシミュレーションなどライン全体をいかに最適化できるか」ということに頭を悩ませているかもしれない。そうした顧客に工作機械の営業をかけても聞いてもらえないだろう。

これまでの営業プロセス管理ではなく、ズームを引いてより広角にすることで市場全体を俯瞰し、その変化を確認し、逆にズームをアップにしてより詳細に顧客の変化を議論する必要があるのだ。営業プロセスは顧客に十分にものが行き渡っていない時代には適していたのだが、ある程度ものが行き渡り、ものよりもサービスや体験が重要視され、顧客自身、何が必要なのかがよくわからなくなっている今の時代には適さないのである。ものが行き渡っていなかった時代と異なり、商品が行き渡っている現在では、顧客のニーズを創出することがより一層重要になってくる。

顧客の視点でプロセスを再構築しなければいけなくなっているのだ。その際に重視すべきなのが**「顧客体験」（カスタマーエクスペリエンス／CX）**である。

詳細は後述するが、顧客体験とは、顧客が商品・サービスに興味を持ち購入し、利用し続けるまでの一連の体験（あるいは企業と顧客の接点）を指す。企業は、商品そのものではなく「顧客にどのような体験をしてほしいか」を中心に考え、「顧客はどのような状態を理想としているのか」を理解できないと、顧客体験を高めることはできない。

なお、営業プロセス管理を続け**顧客視点が弱いままでいると、結局「自社の営業担当が接点を持てた顧客しかリーチできない」という事態が続く**ことになる。どんなにすごい営業担当者でも、顧客との接点はごくごく一部で、多くの人はその存在を知らない。見込みとなる顧客層にも知られていないものだ。営業プロセスで管理し続ける限り、入り口の段階でごく絞った顧客の議論にとどまり、対象とすべき顧客の多くを理解できないままである。

今や多くの消費者にとって、初期の情報探索はネットメディアだ。情報探索に関して営業担当者への依存が極めて低い今、顧客視点の弱さは企業の存続にかかわる。

② 購入後の議論が乏しい

営業プロセス管理では、販売契約の締結が一つの出口となる。その後は必要に応じて、顧客のフォローアップをしていく。

しかし、よく考えてみてほしい。これこそまさしく売り手の理論だ。**売り手からすれば、契約締結までが重要だが、買い手からしたら大事なのは購入後**ではないだろうか。

ものがある程度行き渡っている時代、もの自体の価値は低下傾向にある。ものではなくて、そこから生み出される体験・経験が大事になる。売り手は、顧客の体験を中心に考えることが必要となる。「ものを購入した後、顧客は思い描いたような体験、経験をしているのだろうか？」と考え、顧客がより良い体験をしていくための働きかけをする必要がある。この必要性に、営業プロセス管理では十分に対応できない。ものを売るということを目的とした管理手法だからだ。

営業プロセス管理は、どうしても購買前と購買後を分けて、前者を中心に議論する。そのため「顧客にどのような体験をしてほしいのか」「実際に望んだ体験を実現できているのか？」といった購買後の議論が弱くなり、顧客の体験にまで意識が届きにくい。

③ 営業担当者の知見が他部門に共有されない

営業プロセスでは、**売るまでが営業担当者の仕事**とされている。そのため営業担当と他部門との連携は薄いものになりがちだ。例えば製造業の営業組織の場合、ものを売る人と、サービスする人は違う組織に属し、ものを**売る人は売るまでが仕事、販売した後はサービス部門が担当**、となる。だが、顧客と接点を持っている営業担当者が売ることだけに従事しているのは、会社全体で見ると大変もったいないことだ。

営業部門が商品企画部門、開発部門、サービス部門などと日常的に会話することは少ないだろう。新しい商品やサービスの企画をする際、企画部門や開発部門が、営業担当者と共に顧客回りをすることは勿論あるが、日常的に行われているわけではない。営業担当は営業プロセスに沿って行動し、その結果、社内の他部門との連携が弱くなる。

例えば営業会議では、営業部長が会議を仕切り、各担当者が各見込みの状態を説明する。営業プロセスの確認を中心に行う会議であり、営業部門のみで行われることが多い。サービス部門や、顧客にとって重要な接点となっているホームページ・コールセンターを管轄する部門は、この議論に参加しない。顧客にとって、企業との接点は多様化しているのに、なぜか営業プロセスは営業部門だけで議論されるのである。その結果、せっかく顧客と接点を持っている部門が多くあっても、そこから意見を吸い上げ、「顧客がどのようなことを考えているのか」について横断的に議論することができない。

営業担当者は市場、顧客と自社との接点なのだから、組織全体との連携を強くすべきだ。そのほうが企業として、市場や顧客との接点を広く持つことができる。同様に、営業部門以外でも顧客との接点を持つ部門はいくつもあり、それらの部門の知見も営業部門や社内全体で共有されるべきだろう。営業担当者が「売る」ということに焦点を当てた**営業プロセス管理は、組織全体での接点の広がりを阻害**することが多い。

④ 営業担当者のやりがいが起きにくい

組織にとって最も大事なことは、**個々の社員のやる気**である。社員にとって、「どれほどやりがいのある仕事か」が、重要だ。私は個人的に、**営業プロセスは働き甲斐をなくす**と考えている。速く、沢山、短い時間でパイプラインを乗り切る。こうしたことを目的化すると、営業担当者の行動が顧客の喜びと逆行してしまうことすらある。

「今月、売上が足りない、なんとかして売らなければならない」となると、顧客がどんなことを実現したいかよりも、「とにかく今月買ってほしい」になってしまう。顧客のことを考える営業担当者ほど、ここで葛藤する。自分の中での葛藤が大きくなり、その結果、自己矛盾が発生する。

「こうありたい」と思う、自分が描いていた理想と自分がしていることが矛盾するのだ。

マズローの欲求5段階説という有名な理論があるが、その最上位は「自己実現」だ。**営業担当者も自己実現したい**のだ。顧客に喜んでもらい、社会の役に立っている実感を、仕事を通じて感じたい。営業プロセスはそれを感じさせてくれるだろうか。私自身は、あまり感じなかった。営業プロセスを考えるときよりも、「顧客はどうしたいのか？」を考えるときのほうが楽しかったし、それで顧客が喜んでくれれば、やる気は倍増した。

営業プロセス重視の組織で、顧客の理想状態や市場の変化についてではなく、自社都合のノルマ未達を理由に叱責でもされたら、その社員はどう思うだろうか。会社を辞めたいと思うのではないだろうか。**厳しい環境でも、自分の行動が他者の喜び、他人からの感謝、社会への貢献につながっていると思えば、人は喜びを感じる。働き甲斐にもなる。**

会社は、営業プロセスの管理よりも、「営業担当者にとっての働き甲斐って何だろうか？」ということをより真摯に考えて、問い直さないといけないのではないか。

もちろん、組織である以上、ルールは必要になる。ただし、自社都合のものではなく、顧客を基点としたプロセスや、売上目標とは別のＫＰＩ（Key Performance Indicator／重要業績評価指標。設定した目標の達成度合いを測る）の設定が望ましい。そのほうが、営業担当者は働いていて楽しくなるのではないか？

「ソリューション営業」という言葉を聞かれたことがある方も多いと思う。ソリューションは直訳すれば問題解決だ。もし、顧客が抱える問題の解決を、営業部門が忠実に実行できたならば、営業担当者の、働くことへの喜び、満足度、組織への貢献度合い（エンゲージメント）は上がるだろう。

しかしながら、多くの組織ではそうなっていない。ソリューション営業を掲げた組織でも、営業プロセスで管理している限り、いくら売れるかが大事であり、提案中の案件や、クロージング中の案件をぎりぎりつめていくことになる。**月初めは「ソリューション営業だ」といっていた営業部長が、月末になると、いくら売れるかしか考えなくなる。**

こうした不平不満を、筆者は若手の営業担当者からよく聞かされる。営業部長は営業実績を考えざるを得ないので、部下へのアドバイスや指導まで手が回りづらい。ソリューション営業を標榜していても、市場の変化や顧客の変化に気づいて部下に指摘することも少なくなってしまう。結果的に、営業担当者の成長意欲は削がれていく。

カスタマージャーニーの4つの利点

ここまでで、売り手中心となる営業プロセスの弊害について述べた。では一体どうしたらいいのか？　売り手中心のプロセスから脱却するには、その逆である「買い手」、つまり「顧客」を主役としたプロセスを考えればよい。

「顧客はどのような状態になりたいのか」「どのような体験を望んでいるのか」を考えてアプローチしていくのだ。これを具体的なプロセスに落とし込んだものを**カスタマージャーニー**と呼ぶ（**図表7**）。カスタマージャーニーとは、顧客がどのように関心を抱き、関

図表7 営業プロセスとカスタマージャーニーの比較

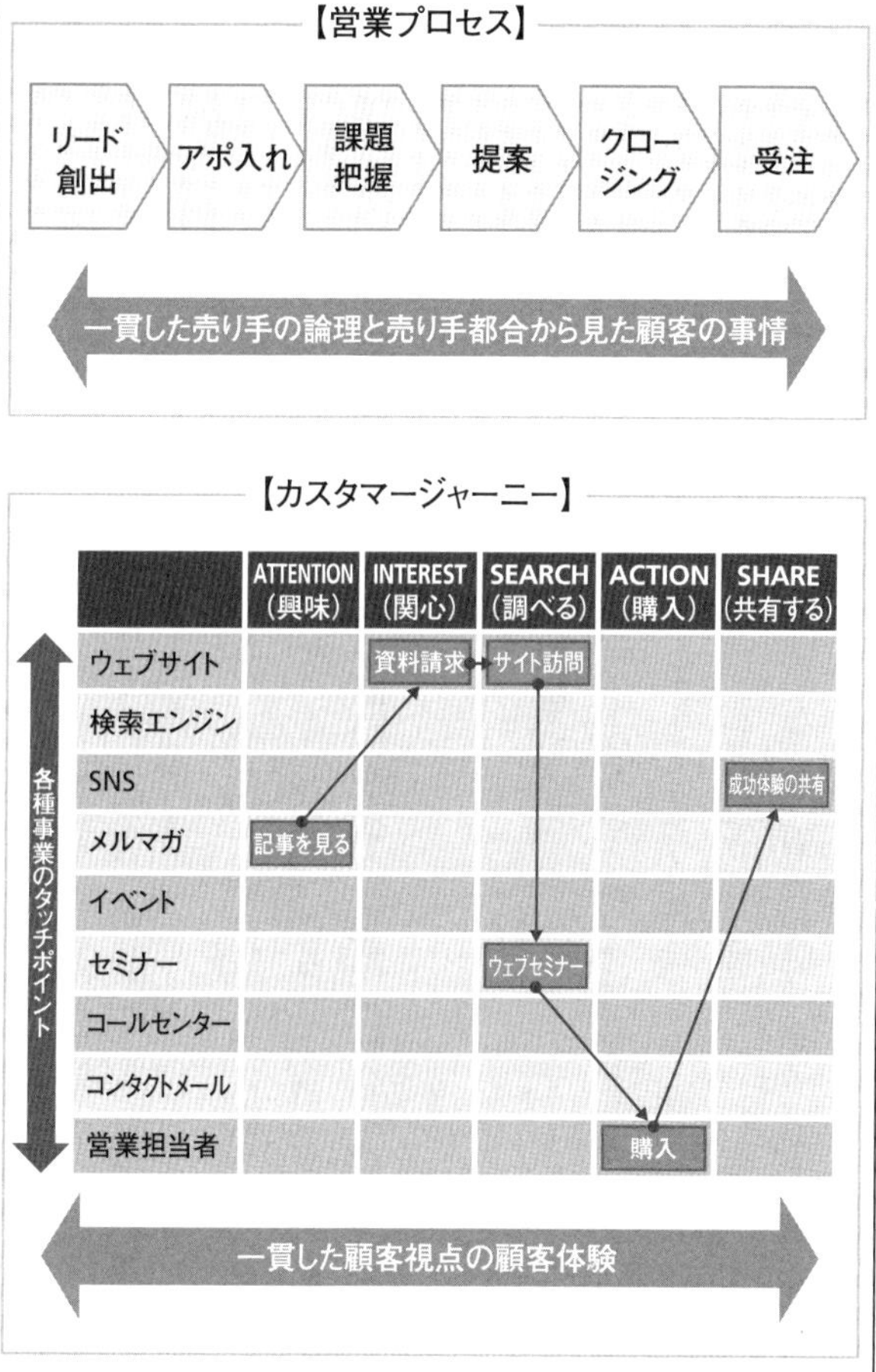

出所：筆者が独自に作成

心事に対してどう情報を探索し、収集された情報からどのように意思決定し、商品・サービスを選び、購入してどんな使用体験をし、再購入・継続利用に至るのか……、という一連のプロセスを「旅」（ジャーニー）に見立てたものだ。顧客が購入・継続使用に至るまでの動線のことを指す。

カスタマージャーニーのメリットは多くあるが、特に以下の4点に絞って、解説してみたい。**①顧客のことを〝わかっていなかった〟ことに気づける、②購買前から購買後まで一貫して顧客を見ることができる、③全社の部門連携での議論が活発になる、④社員のやる気を導き出す、**という4点である。

①　顧客のことを〝わかっていなかった〟ことに気づける

カスタマージャーニーを描くことは、簡単ではない。例えば、「旅行サービスを検討している人がどのように旅行に関心を持ち、どのように情報探索をし、収集した情報から精査、検討、意思決定をし、旅行をし、その後旅行に関する体験や思い出をどのように共有するのか」、考えたことがあるようでなかなかない。顧客の動線を考えることは案外難しく、どうしても自社の商品やサービスを中心に考えてしまう。

これは一般消費者向けにビジネスを展開するＢｔｏＣのみならず、企業同士で行われるＢｔｏＢでも同じだ。例えば、土木現場に建機を提供しているレンタル会社であれば、建機を貸す場面のことは理解できるが、その前後にある相手方のプロセスまでは思い描かない。「測量をする、施工計画をたてる、施工をする、施工計画を修正する、建設が終了し、検収のため測量をする」といった一連の流れまでは考えないことが多い。言い換えれば、それだけ顧客のことを〝わかっていない〟のだ。

カスタマージャーニーを描こうと試みたとき「**顧客のことを如何にわかっていなかったか**」**と気づく**だろう。営業部門は「顧客のために」とよく声高に叫ぶし、常にそれが大義名分だ。ところが現実は顧客のことはさほど知らない。営業起点で顧客を見ると、自社製品、サービスが売れるか売れないかしか見えてこない。これまでの発想が、顧客そのものを見ることを阻害していたと、はっと気づくのだ。これは気づきであると同時に、営業部門だけでなく会社全体に大きなインパクトを与えるだろう。

こうしたことを、まず、純粋に発見し、顧客に対する理解の始まりとする。カスタマージャーニー策定への取り組みは、組織の問題意識を強くするきっかけとなる。

②　購買前から購買後まで一貫して顧客を見ることができる

顧客はどのように関心を抱き、どのような情報を収集するのだろうか？

この入り口の一番大事な問いに対して、営業プロセス管理は全く応えることができていない。営業プロセス管理では、営業が顧客との接点を持ち始めるところから話が始まるため、営業担当者が接点を持たない場合、プロセスそのものが始まらないのだ。営業担当者が接点を持っている顧客はターゲット層のごく一部であり、その大半にはリーチできていない。リーチできていない層がどのように関心を持ち、情報収集をしているのかについて、現在の営業プロセスでは全く拾えていない。

その点、カスタマージャーニーでは、購買前の顧客たちに関する議論からスタートする。彼らがどのような関心を抱き、どんなキーワードで検索をするのか？　訪ねるサイトやチェックするSNSはどれか？　ウェブ上の口コミや業界専門誌（あるいはそのサイト）など、第三者的なもので情報収集するだろうか？　……と、営業プロセス以前の段階から考えていく。

そもそも消費者は情報収集において客観性を極めて重んじる。セールスパーソンといわれる類いの人たちは、顧客にとっては客観性の対極にある人たちで（売る側の）主観を語るため、情報探索の段階では消費者から避けられる傾向にある。顧客から営業担当者にアプローチするのは、ある程度情報収集がされ、やりたいことが決まり、買いたい商品やサービスが決まった後だ。営業プロセスではこうした情報収集段階のターゲット層を捉えきれない。

また営業プロセス管理は、購入後の顧客に対しても機能していない。先述したように、営業プロセス管理では顧客が購入するまでを主に営業部門が担当し、購買した後はアフターサービス部門が担当する。これは売り手側の都合による分け方であり、顧客の体験は一連のもの全てだ。

「顧客は購買前、なにをきっかけに、どのような関心を抱き、どのように情報を収集し、意思決定をし、購入後どのような体験をしているのか」を、一貫して理解することが必要なのだ。カスタマージャーニーはそれを可能にする。

このとき、重要なのが**「顧客はどのような状態を目指しているか？」を理解することだ。**購買後の顧客の体験が、思い描いた理想の状態に近づいているのか？　それともそうではないのか？　これらは「顧客がどのような状態を目指しているのか？」を知らなければ、把握できない。

第1章で紹介したNPS®のように「顧客が自社の商品やサービスを周辺の人々に対して推奨したいと思っているか」を測るのも、把握の仕方としては有効だ。大切なことは、顧客がどうなりたいかを企業が探し求めていく姿勢だ。**顧客の視点に立ち「顧客はどうなりたいのか」を探し、「自社は顧客にどのような状態を提供したいか」を考え、「自社が考える顧客の理想状態」を実現させる。**それが、自社が提供する価値となり、本当の意味での顧客理解となる。

カスタマージャーニーを作成しようとすると、その過程で、顧客が置かれている業界、市場環境、顧客について調べることが多くなる。こうした策定の過程にも非常に価値がある。新しい発見や、新たな顧客体験の創造につながることも多い。

③ 全社の部門連携での議論が活発になる

企業がカスタマージャーニーを描くとき、顧客がどのようなプロセスをたどり、関心を持ち、情報収集から意思決定をしていくのか、**部門間の壁を越えて検討することになる。**顧客のタッチポイント（企業や商品との接点）は多様化しており、営業担当者以外にもコールセンター、サービス部門、ウェブサイト構築部門など、様々な部門が顧客に接している。自社の商品やサービス、企業ブランドの価値を維持し、向上させるためには、あらゆる接点における顧客体験を重視しなければならない。

ただ、**これは言葉でいうほど簡単ではない。**営業部門、ウェブサイト構築部門、コールセンターなど、どの部門も自部門の顧客接点でしか考えてこなかったのだから、顧客に対する捉え方が狭くなりがちなのだ。会社組織というのは、常に共通して実現したい姿を明確にしておかないと、部門間のセクショナリズムが強くなる。全社的な会議の場でも、各部門から出てきている人々は部門の利益代表のようにふるまってしまう。カスタマージャーニー策定に当たっては、どの部門も顧客の一部しか見えていないことを認識し、互いに知見を共有していく姿勢が必要となる。

各所の知見を持ち寄り、顧客の課題に対する仮説を立て、マーケティング部門、営業部門、コールセンター、ウェブサイト構築部門などが横断で議論する。そして、どのような顧客の体験を実現したいのかを策定することで、社として目指すべき姿を明確にしていく。

議論の過程で、顧客に対するタッチポイントを全社的にどのように持つべきかという問題も生じるだろう。特に情報収集の段階では、オウンドメディアといわれる自社のウェブサイト、店舗、メルマガなどの自社が発信するメディアを、タッチポイントとしてどのように配置していくか、再設計も必要になる。

更に、顧客に訴求し認知を得るためのTV、ネット広告、雑誌などのメディアや、顧客からの信頼を高めるための口コミサイト、マスメディアなどへの広報活動も非常に重要になってくる。LINE、フェイスブック、レビューサイト、ブログやX（旧ツイッター）などのソーシャルメディアで自社の商品、サービスがどのように評されているのか、モニタリングも必要となる。**カスタマージャーニーを作成する過程の部門横断の議論を通じて、結果的に顧客に対するリーチも大きく広がる**だろう。

【シミュレーション：部門横断でのカスタマージャーニーの策定】

では、どのようにカスタマージャーニーを策定していくのか、「中小企業の情報セキュリティ対策市場」を例にシミュレーションしてみたい。

中小企業は情報セキュリティに対して、漠然とした、だが大きな問題意識を持っている。人手不足も相まって、専門のIT部門が設置されておらず、多くの場合は、総務部門がIT部門も兼務している。セキュリティ担当の専門家など設置されていないことが多い。こうした市場は現在小さく見えていても、中小企業が直面する課題の大きさから考えると、潜在的市場として大きいと考えることができる。

この潜在的市場への参入を、カスタマージャーニーを使って考えてみよう。まず中小企業のセキュリティ担当者が、セキュリティについて一体どのような動線をたどり検討するかを考える。セキュリティという言葉から、おそらく担当者はいろいろなことを想起するだろう。入館ゲート、ハッキング、従業員による情報漏洩、メール誤発信、ウィルス、災害などに対する保険など。様々なことを担当者の目線で考えなければならない。ただでさえ人手不足でリソースが少ないにもかかわらず、セキュリティに関連する領域は広いのだ。

こうして想定される顧客像と関心事をもとに、「興味関心、情報収集、調査、比較検討、購買、使用、共有」という、顧客の辿るプロセスについて、企業内で部門を横断して議論をする（**図表8**）。想定した顧客である中小企業の総務担当者が、一体どのような情報を探索するのか、どのような言葉で検索するのか、どのようなメディアを使って調べるのか、何を重要な基準として、情報を精査していくのか、どのような情報があると嬉しいのか……、と検討を重ねる。

顧客の立場で検討をしていくと、様々なことが見えてくるだろう。例えば、顧客の悩みを解決するために必要なのは個別のサービスではなく、セキュリティに対するワンストップソリューション（一つですべての問題解決ができる総合的な仕組み）かもしれない。ただでさえリソース不足の中小企業において、少ない人数ですべてを検討しなければならないのだ。結果的に手が回らず、セキュリティに関連する様々なことに統合的に相談に乗ってくれる存在が必要になっているのかもしれない。

顧客はウェブサイトで検索するのみならず、ウェビナー、IT情報誌、講演会など様々なタッチポイントに接触することも想定される。すると、比較サイトや雑誌などの取材に応じ、自社のよさを正しく理解してもらうことも必要だと見えてくる。想定されるタッチポイントで、どのような接点とメッセージがあると、顧客の検討の候補となれるのか？それらも協議する必要がある。

自社の商品やサービスにいかに関心を持ってもらい、自社のサイトに来訪してもらうのか？その際、どのような情報を提供すれば、次のステップに進んでもらえるのか？時には顧客である総務担当者がこちらのコールセンターに電話をして、より深い質問をすることもあるだろう。購買においては、ある程度の対象を絞り込んだ上で営業担当者にコンタクトをし、購買の意思決定をすると考えられる。購入・使用後は、顧客向けのサポートサイト、コールセンターなどにサポートを求めるだろう。であればサービス提供者側は、

図表8 中小企業の情報セキュリティ対策市場における
カスタマージャーニー例

フェーズ	タッチポイント	行 動	思 考
興味・関心 (Attention・Interest)	IT情報誌 TVCM 雑誌メディア SNS コールセンター	✓現状把握とスコープの検討	✓情報漏洩事件記事などから高い問題意識を強く持つ
調査・比較検討	比較サイト IT雑誌、 IT情報サイト	✓ウェビナー視聴 ✓領域ごとのプレイヤーへ情報収集	✓領域ごとに信頼性が高いのは誰か？ ✓意思決定者の納得は得られるか？ ✓経済合理性は得られそうか？
購 買	営業担当者 ECサイト	✓比較サイトからECサイトに飛び購買 ✓コールセンターなどから営業担当者の対応要望	✓信頼が置けるパートナーか？ ✓サポートレベルや経済的な側面から、合理的な判断か？
使 用	コールセンター (サポート) サポートウェブサイト	✓セキュリティ商品の組み合わせ使用 ✓ユーザー部門への説明	✓新たなセキュリティの脅威への対応はできるか？ ✓各種サポートは十分か？
共 有	SNS ユーザー会	✓ITコミュニティでの共有 ✓ユーザー会での発表	✓ユーザーコミュニティでの発表など、よい製品、サービスであれば、同様の検討をしている人と共有したい

出所：筆者が独自に作成

どのようなサポートをすると顧客にとって理想的な体験となるのか、部門の壁を越えて事前に議論しておく必要がある。

このようにして全社的に策定したカスタマージャーニーは、あくまで仮説であり、常に見直しが必要となる。完成はない。常に部門横断で振り返り、見直し、組織全体での学びを繰り返さなければならない。部門横断で見直しをする際には、共通のＫＰＩを決め、組織としてどれだけ理想的な顧客体験を実現できているのかをモニタリングしていくとよい。例えば広告に対するインプレッション数（表示回数）とそれに対するクリックの回数、さらにそこから如何に資料請求や購買に繋がっているかという数値、想定される顧客ニーズや顧客が抱える課題に関するセミナーやウェビナーの参加人数、関連する自社サイトの閲覧数、メールマガジンの開封率なども重要な指標になり得る。

④ 社員のやる気を導き出す

カスタマージャーニーを策定する過程で全社的に議論することにより、社員は会社に対する貢献を行っているという実感を得ることができる。これは従業員エンゲージメントを高めるうえで重要なことだ。

従業員エンゲージメントとは、社員が会社に共感し、自発的に会社に貢献したいと思う意欲のことだ。エンゲージメントの高い組織では、社員が「何を期待されているか」をそれぞれ理解し、そこに成長機会を感じる。期待に応えていくことで組織に貢献し、かつ自らも成長しているという実感を得られる。端的に言えば仕事にやりがいを感じられるのだ。これはとても大事で、この総和、掛け算が会社のパフォーマンスになる。

カスタマージャーニー策定にあたり、企業は**「どのような価値を実現したいと考えているのか」を、社員に明確に説明**することになる。それを受けて、顧客体験の改善活動、もしくは新しい顧客体験の創出について、社員間で情報を共有し、意見交換、共鳴する場が必要となる。社員同士で活動の共有を行うことは、自らが実施してきたことの肯定となり、それぞれの自信につながる。他の社員が実施していることに強く共鳴し、更なる活動の動機付けとなることも多い。次第に、社員の中で自分事化が進み、能動的に参画し「顧客にとってより良い体験」を自分で考え、その実現のために行動できるようになる。

結果的に社員の士気を高めることができる。

カスタマージャーニーは社員のやる気を導き出す仕組みとしても有効なのである。

【事例】ソニー損保：部門横断でカスタマージャーニーを策定

顧客満足度調査でもなくならない重複した対応

ここからは、実際にカスタマージャーニーを構築し、改革を進めた企業の事例を紹介したい。1つ目はソニー損害保険株式会社だ。ソニー損保は前章で紹介したNPS®を経営目標として取り入れている企業の1つだが、着目すべきは部門横断でカスタマージャーニーを策定していることにある。

同社はソニーグループ傘下の企業として1998年に設立され、99年より営業を開始した。代理店などを介さずにユーザーと会社がインターネットや電話で直接やり取りをして契約をする、ダイレクト型の保険会社だ。同社は営業開始時から顧客価値の最大化を追求し、サービス品質を高めることで成長を続けてきた。外部評価機関による顧客満足度の評価は常にトップクラスであり、2023年度の元受正味収入保険料は約1547億円で、ダイレクト自動車保険市場で02年度以降、元受正味保険料で1位を継続している。

同社は現在、NPS®を重要な指標として取り入れ、顧客ロイヤルティの把握と向上に努めている。大和証券の事例でも紹介したが、NPS®とは「Net Promoter Score®（ネッ

図表9　部門ごとの顧客対応によるボトルネック例

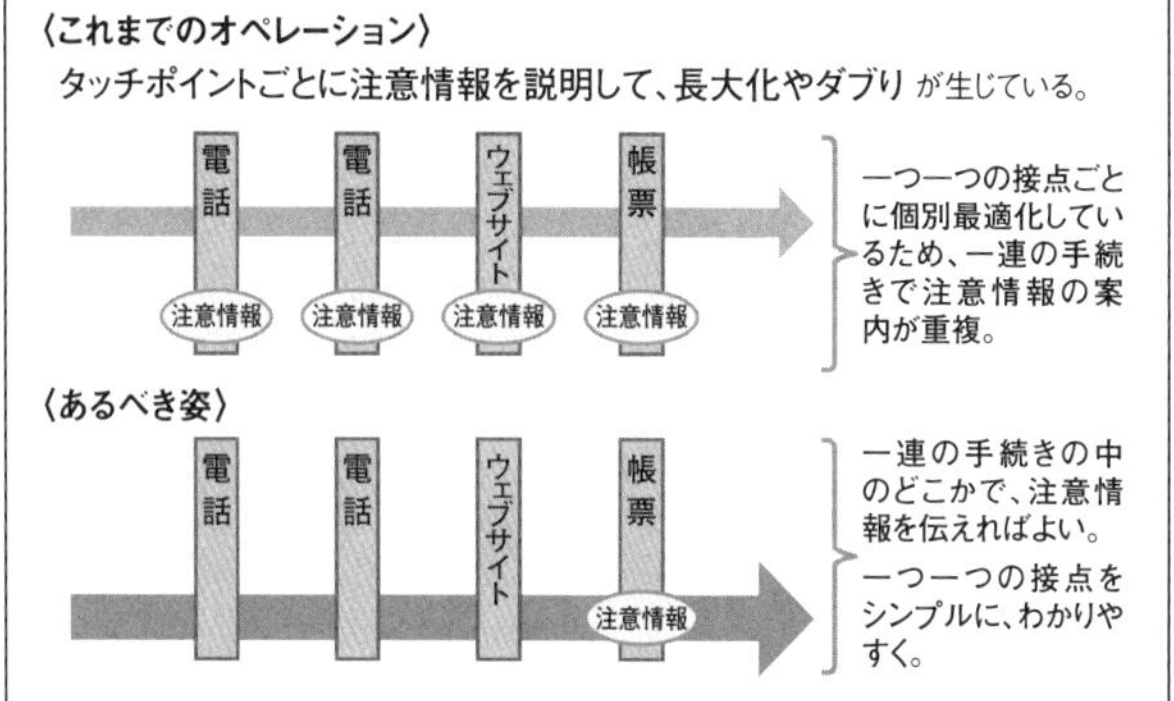
〈これまでのオペレーション〉
タッチポイントごとに注意情報を説明して、長大化やダブりが生じている。
電話
電話
ウェブサイト
帳票
注意情報
注意情報
注意情報
注意情報
一つ一つの接点ごとに個別最適化しているため、一連の手続きで注意情報の案内が重複。
〈あるべき姿〉
電話
電話
ウェブサイト
帳票
注意情報
一連の手続きの中のどこかで、注意情報を伝えればよい。
一つ一つの接点をシンプルに、わかりやすく。

出所：ソニー損害保険株式会社提供資料をもとに筆者が作成

ト・プロモーター・スコア）」の略で、その企業やブランドに対して、顧客がどれくらい愛着や信頼を持っているのかスコア化したものである。

NPS®を採用する以前の同社では、顧客満足度調査を実施していたのだが、それに基づく活動は、顧客接点を持つカスタマーセンターやウェブサイト構築部門など、部門別の取り組みに留まり、部門を横断した統合的な活動にはなっていなかった。電話、ウェブサイトなどが個別の顧客対応をしており、重複が生じるなど、顧客にとって分かりやすい対応にはなっていなかったのだ（**図表9**）。これを改めるため同社は、顧客体験の向上のため部門横断でのカスタマージャーニー構築に取り組んでいった。

顧客対応の整合性と一貫性

顧客は電話、チャット、メール、ウェブサイトと、様々な方法で同社と接触が可能であり、それらの整合性と一貫性が非常に大切になる。同社では15年に、顧客体験（CX）の本格的向上を目指し、事故対応部門・ウェブサイト部門・カスタマーセンター部門などから人材を集めたCX向上推進組織を社内に設置した。また、それぞれの部門が特定のテーマについて社内でワークショップを開き、知見を共有し、顧客視点で横断的な議論を重ねた。

ワークショップの開始当初は、CX向上推進組織のスタッフがファシリテーターとなり、電話対応や事故対応などの顧客対応部門のスタッフとともに課題を洗い出した。各タッチポイントにおける顧客の気持ちや行動を把握し、CX向上にむけて課題を挙げていったのだ。

ワークショップには各部門の部長など、管理職クラスが参加したが、参加に際しては部門の立場を一日忘れて取り組むこととし、その場で出てきた課題に対して、各部門の事情や言い訳などの「できない理由」を述べないこととした。顧客視点での議論を貫くことに重きを置いたのである。

ワークショップで出てきた課題はあくまで仮説であり、現場の裏付けが必要となる。同社では現場担当へのヒアリングやカスタマーセンターの通話録音を聞くなどして、裏付けを取り、改善策を作成し、そのテスト、修正を重ねていった。

そうしたブラッシュアップを経て、カスタマージャーニーは策定された。20年以降もCX向上推進組織による、カスタマージャーニーを起点とした部門横断的な活動を推進している。

同社にとってカスタマージャーニーは、全社横断的な取り組み、施策を推進するために必須のものだ。顧客を主語に置き、どのような体験をしてほしいのか仮説を立て、議論し、事実に基づいた裏付け・検証を行い、有効な施策を打つことができる。

また全社をあげてCX向上に取り組み、継続することは社員やスタッフらの人材育成という側面でも、重要な意味がある。同社ではカスタマージャーニーが共通認識として、深く根付いている。

【事例】リコージャパン：デジタルマーケティングにカスタマージャーニーを導入

すべての商品を理解、提案できない

営業本位のプロセスでは、顧客の立場にたった提案が難しくなっている。それを示しているのが、２つ目の事例として紹介するリコージャパン株式会社の取り組みだ。

リコージャパンは強い直販力を持ち、複合機をはじめとしたオフィスソリューションを展開してきた。しかしながら、３Ｄプリンターやテレビ会議システムなど、その扱い商材が広がるに伴い、営業担当者が顧客の総務や情報システムにアプローチする接点だけでは、販売が難しいということに直面した。

本章のタイトルである〝営業依存のプロセスはいらない〟とは、営業プロセスのみならず、顧客の立場に立ち、カスタマージャーニーを考え、どうしたらこれまでリーチできていなかった顧客にリーチできるのか、その方法を考えるということだ。どのようにすればより良い顧客体験を創造できるのかを考え、営業プロセスとカスタマージャーニーの考え方を組み合わせ、より幅広い顧客にリーチすることができた成功例として、同社の事例を

紹介したい。

同社は、デジタル複合機などの事務機器を製造販売している株式会社リコーの国内販売、サービスをつかさどる会社だ。2014年2月に親会社であるリコーがグローバルでデジタルマーケティングチームを立ち上げ、その直後の14年度からリコージャパンは国内でのデジタルマーケティングの展開を開始し、カスタマージャーニーの策定に取り組んだ。

同社がデジタルマーケティングを導入した大きな理由は「国内での競争の激化」だ。基盤ビジネスである複写機・プリンター分野は市場が成熟化していく中で、取扱商品が多い同社では、営業担当者がすべての商品を理解し的確に提案することが難しい状況になっていた。そこでデジタルマーケティングを活用した、効率的な営業活動が必要となった。

また同社は顧客の変化について、「BtoB商取引では、顧客がコンタクトする前に購買決定プロセスの約57%が完了している」というアメリカの調査会社（CEB社）の調査を、自社のビジネスにも通じるものだと考えた。国内での競争に勝ち抜くためにも、営業担当者のアプローチ以前の段階にある顧客層を、デジタルマーケティングで取り込んでいこうと考えたのだ。

社内の体制作りと製品選び

同社はまず「デジタルマーケティングの運用体制作り」および「社内ルールの整備」からスタートした。

デジタルマーケティングは、準備、実行、測定というフェーズに分かれており、リアルなイベントを含め様々なウェブコンテンツの充実が必要となる。こうしたデジタルマーケティングのプロセスについても勉強会を開き、大手顧客を抱える営業地域を中心に、社内教育に力を入れていった。デジタルマーケティングで情報収集する顧客を捉えられたとしても、営業担当者が具体的に動かなければ、適切なタイミングで施策を連動することはできない。営業担当者に、デジタルマーケティングを理解してもらうことも重要と考えたのだ。

さらに同社は、顧客の検討段階に応じてアクセスできるサイトやコンテンツの拡充を図るなど、ネットで情報を探索する顧客に対してきめの細かい情報提供を行った。

デジタルマーケティングで実際に取り扱う製品は、「営業担当者を介さず顧客に一定の提案品質が確保できる」という点で、3Dプリンターとプロジェクターなどに絞ることとした。これらの製品は、自社の核となる複合機とは異なり、営業担当者が説明時間を取ることができず、顧客への紹介が十分にできていなかった。そのため商品担当者などの同意が得やすかったことも、選定の大きな要因となった。

カスタマージャーニーで顧客との接点を洗い出す

扱う商品が決まれば、次はカスタマージャーニーの構築である。同社が3Dプリンターの購買までの顧客のカスタマージャーニーを策定していったところ、メルマガや業界サイトなどの非対面領域での情報収集タッチポイントが多いことが判明した（図表10）。そこでいかに顧客の関心を引き出し、購入につなげるかということにフォーカスしたコンテンツ作りに注力をした。

また、顧客のアクセス解析を繰り返したところ「お問い合わせフォーム」での離脱が多かったことが分かった。これを受けて同社はお問い合わせフォームの細部に手を入れて改善を行っていった。

そうした施策は功を奏し、お問い合わせフォームの改善では、離脱を大幅に減少することに成功。さらに、Google 出稿キーワードの絞り込み、Yahoo！のリスティング広告、SEO対策、DSP（Demand Side Platform／広告効果の最適化を目的とするプラットフォ

図表10　3Dプリンター購買までの顧客行動パターン

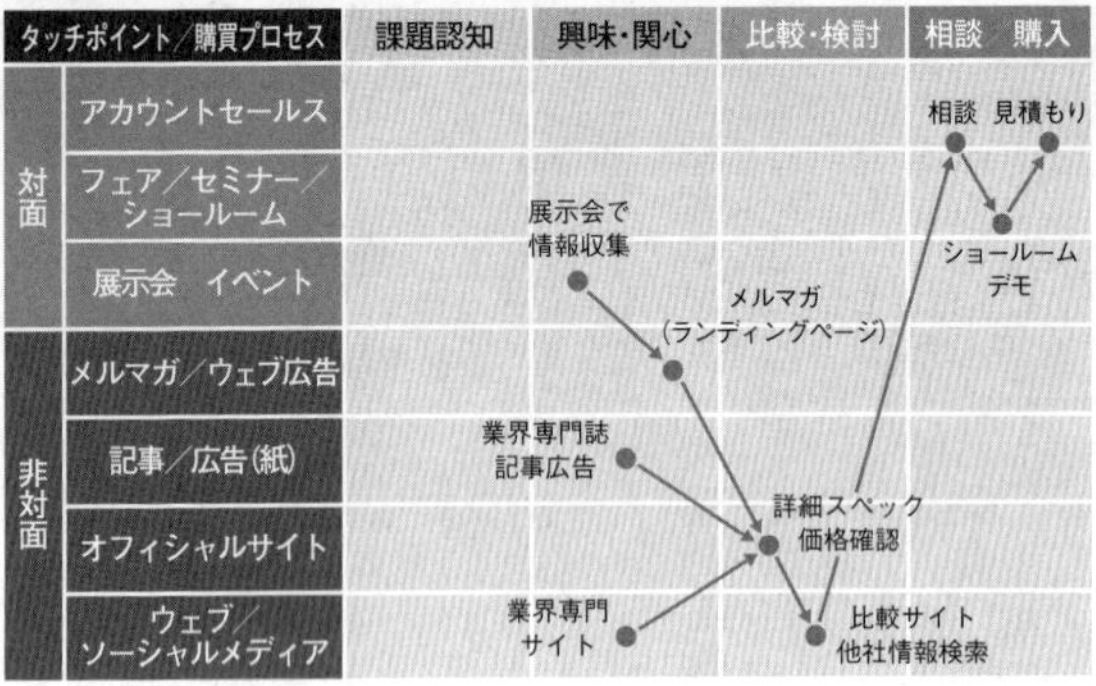

出所：リコージャパン株式会社提供資料をもとに筆者が作成

ーム）の利用、リマーケティング広告（自社サイトにアクセスしたユーザーに対する広告表示）などを実施し、広告以外の自然検索流入のアクセスは前年比１２０％に、契約などの成果も前年比１３０％に増加した。

併せてリアルなセミナーも多数開催し、その際の接客メールの件名や文言、配信タイミングに関しても、複数のパターンを作成しテストを繰り返し、最適な件名、文言、配信タイミングを抽出していった。こうしたデジタルとアナログを融合させた取り組みはうまく回り、同社の顧客接点は増大していった。

受注率は導入前の4倍に

デジタルマーケティングで生み出された見込み

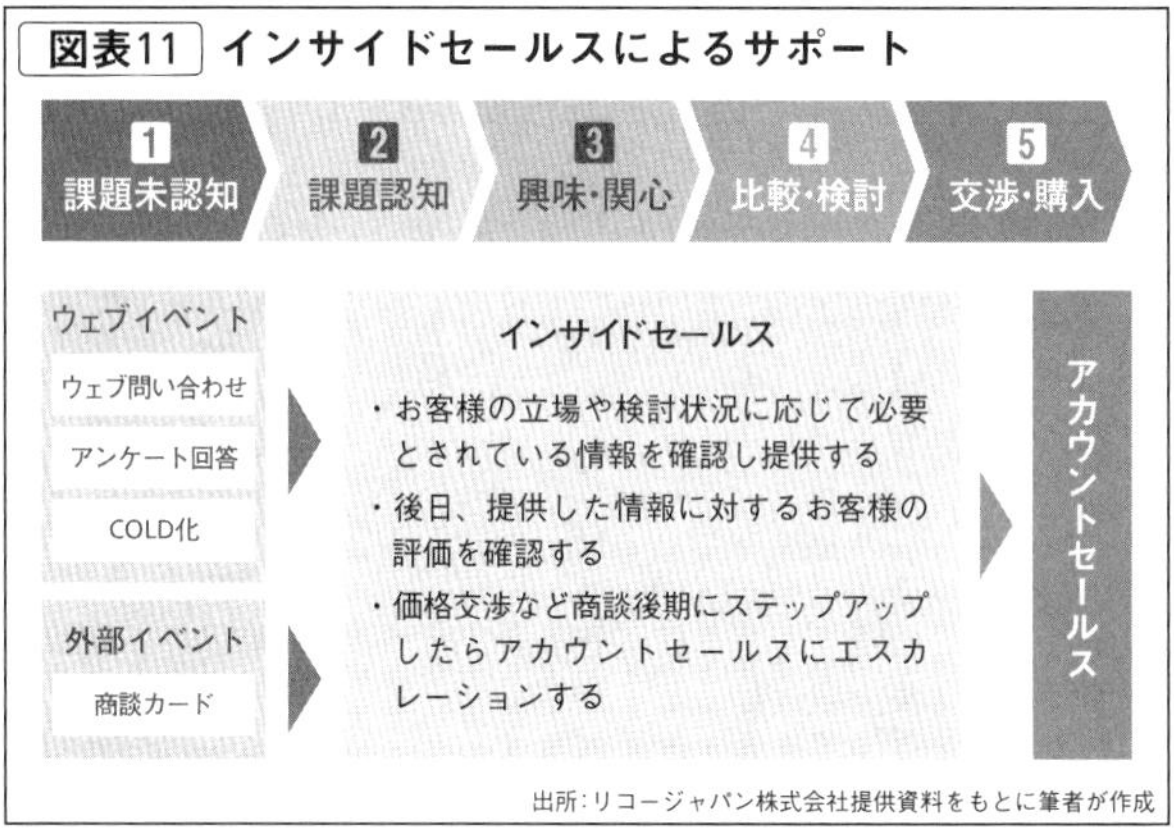

図表11 インサイドセールスによるサポート

出所：リコージャパン株式会社提供資料をもとに筆者が作成

顧客の情報は、効率よく、高い精度で、タイミングよく営業担当者に渡され、成約へとつながる。時には、営業担当者に情報を引き渡す前段階でインサイドセールス（電話やメールを通じた、非対面の継続的な営業）が行われる。デジタルマーケティング担当部門が電話などで顧客に情報提供を行い、反応を確認するのだ。たとえばイベントやウェブサイトで獲得した3Dプリンターに興味のある顧客に対して、必要な情報を提供し、その情報に対する顧客の評価を確認してから、営業担当者に引き継ぎ、商談後期の価格交渉までサポートする（**図表11**）。

このように、カスタマージャーニーに基づいた細やかな施策の見直しを行い、常にテストと検証を重ね、電話などの非対面営業を活用することで、同社の3Dプリンターのウェブ問い合わせからの受注率は、導入前の4倍に増加した。またビデオ会議システムへの問い合わせは6・4倍に、オンラインで使えるインタラクティブホワイトボードへの問い合わせは3・2倍に、プロジェクターへの問い合わせは1・6倍になるなど、デジタルマーケティング導入前と比較して飛躍的に増加している。

営業プロセス管理からの転換を

顧客のニーズは大きく変化しており、営業プロセス管理は時代と合致しなくなっている。自社中心で考えるため顧客視点は弱くなり、売ったらおしまいになりやすく、購入後の議論が乏しくなりやすい。更に、組織内の部門を越えた知見の共有がされにくく、営業担当者のやりがいをも喪失させてしまいやすい。

それに代わるものとして、カスタマージャーニーを提案したい。カスタマージャーニーの構築は簡単ではない。これまでの自社中心の思考・自社視点を改め、顧客側の視点に立たなければならないからだ。自社視点と顧客視点では、見える景色が全く異なる。

顧客は何をきっかけにどのような関心を抱き、どのように情報収集し、意思決定をしていくのか？　使用体験を通じて、どのような理想の状態を実現したいのか？　実際に、実現できているのか？　それらを理解し、どのような顧客体験を実現したいかを部門横断で議論し、共通した考え方を作り上げる。

ソニー損保は、こうした活動を推進することで、高いNPS®を実現している。また、リコージャパンは、顧客起点でカスタマージャーニーを考え、デジタルとアナログを融合させた施策で需要創造に成功している。

企業側には、営業プロセス管理に依存する手法からの脱却が求められる。これまでの管理手法で顧客に出来上がった商品やサービスを販売するのではなく、顧客とともに価値を創造していく。そのストーリーは顧客を主語にしたものであり、共に価値創造するものとして、提供者は伴走すべきなのだ。

第3章　顧客に従順な組織はいらない

顧客に従順な組織がもたらす弊害

日本企業の大きな特徴として、顧客に非常に従順であることが挙げられる。会社によって差異はあるが、一般的特徴として顧客に従順だ。顧客の声は組織内の大義名分として通りやすい。だからといって、顧客理解が深いわけではないということは先に述べた。

顧客に従順な組織は、ある意味で、顧客のことをよく知らない組織だ。顧客の要望を超えられない組織でもある。**顧客に従順な組織は顧客の言うことが全てなので、決して顧客の発想を超えることはできない。**

そもそも顧客が具体的に要望を述べる段階では、その悩みはほぼ解決しており、あとは欲しいものやサービスを買うだけだ。この段階で出てくる要望は事細かい仕様やサービス内容についてで、「あれもこれも」と出てくることが多いが、「(ないよりは)あったほうがいい」というレベルの要望がほとんどだ。「なければならない」と思われる要望はごく一部、ということも多々ある。

そうした**要望を事細かく聞いたところで、ほとんど採算が取れない**だろう。なぜならば、この段階での顧客の要望は、日本語でいう〝サービス〟(無償、あるいは値引き価格で提供されるもの)の認識であることがほとんどだからだ。

試しに顧客に対し、自社製品を提案する際に「標準品」と「オプション」という出し方をしてみればいい。マストの要望は「標準品」に入れ、「あったほうがいい」レベルの選択肢を「オプション」として示すと、多くはオプションを購入しない。オプションとして対価を示して提示された瞬間、顧客は「自分たちにどうしても必要なものは何か？」と考える。

それでもなぜ、顧客に細かくお伺いを立てる組織が多いのか？　これは、顧客のニーズにあった提案をできていないからだ。提案ができないから顧客の要望を聞くことになり、採算の取れない手間ばかりが増え、生産性も著しく低くなる。

採算の取れない営業活動の顕著な例が、カスタマイゼーション（個別設計・特注生産）だ。これは企業間取引であるＢｔｏＢの業界において、特に多く発生している。ＢｔｏＣ（企業と消費者の取引）では、カタログ化、標準化して商品を顧客に提供する必要があるため、標準品とオプションが分かれている。問題はＢｔｏＢだ。顧客に対して提案活動を行う際、顧客から様々な要望を投げかけられ、それらを顧客要望として受け入れて、結果的に膨大なカスタマイゼーションが発生する。

カスタマイゼーションは深い顧客理解により行われていると錯覚されることがあるが、

そうではなく、顧客への価格訴求である。なぜならば、多くのカスタマイゼーションは価格に反映されず、実質的な値下げとなるからだ。

顧客理解に基づきビジネスを行うのであれば、まず潜在的なニーズから顧客が欲しがる機能を企画し、先に提示することで、顧客の需要を引き出していくべきだろう。あるいは潜在的需要とまでいかなくとも、顧客にとって必要な要素が揃った標準品のモデルを企画し、提示していくべきだ。そして、それ以外はすべてオプションとすればよい。

カスタマイゼーションというのは、実は結構根が深い。カスタマイゼーションを実施している組織は、利益貢献とは反比例して、モチベーションが高いことが多いのだ。これは営業担当者や関わる社員が「顧客へ貢献している」という意識を非常に高く持っているからである。ある企業では、価格に転嫁できないカスタマイゼーションを担当している社員のES（従業員満足度）が極めて高いという皮肉な結果が出た。やっている当事者はその結果、自社の商売が赤字になっていることを知らなかったのだ。「木を見て森を見ず」が組織内で多く発生しており、これらを収益性の伴うモデルに変換しようとすると、非常に強い抵抗にあうことも多い。

顧客をリードする4つの方法

では、どうしたらいいのか？　求められるのは「顧客をリードする組織」だ。顧客の要望を先回りして察知し、あるいはその要望に対応できる提案をすでに持っている組織である。製品を販売しているのなら、〝もの〟を販売するだけではなく、〝もの〟を選定するプロセスを助けることや、〝もの〟を管理することで顧客の手間を削減するなど、様々なやり方が考えられる。更に、顧客の気づいていないニーズを、顧客を洞察することであぶり出し、提案していくことができたら最高だ。

では具体的にどのようなことを行えばよいのか？　本書では次の4つを「顧客をリードする方法」として、事例と共に紹介したい。**①マスカスタマイゼーション、②〝もの〟と〝こと〟のハイブリッド化、③リカーリングモデル、④潜在的ニーズを商品化する市場開発、**の順に、解説していこう。

【顧客をリードする方法①】マスカスタマイゼーション

顧客をリードするうえで、最も基本的かつ大事なことは、ミクロにばかりとらわれないことだ。日本人は具体化が大好きだ。具体的な顧客の要望を掘り下げ、それに応え続けることがとても好きなのだ。そしてそれにやりがいを感じる。とても素晴らしいことだ。

だがその結果、気が付いてみると同じようなことを、複数の顧客に対して常に一から繰り返しているということはないだろうか？

具体化の反対は抽象化だ。レンズでいったら、ズームイン（具体化）とズームアウト（抽象化）。細部を顕微鏡で見ていくのか、全体を俯瞰・鳥瞰していくのかという違いだ。

こんな話を聞いたことがある。日本人は川端康成の『雪国』の冒頭部分、「国境の長いトンネルを抜けると雪国であった。」という光景を「汽車にのっている一乗客」として想像しながら読むという。ところが欧米人は「空から見た視点」で、ジオラマのような山からトンネルを抜け出た汽車が雪国のほうに向かっていくところを想像するという。日本語と英語の主語の問題が絡むのだが、それにしても面白い指摘である。**日本人は顧客の立場で考え、欧米人は全体を鳥瞰して考える。**

ビジネスにおいては、この日本人の持つ思考のよさを引き立たせつつ、時折、鳥瞰もしていくことで、顧客をリードしていくことに一歩近づける。多くの顧客に接している強みを生かして顧客たちに共通する要望を見つけ、対応をパターン化するのである。特定の業界に強い会社であれば、その業界がこの先直面する課題や、法規制の変化などから共通して発生する課題、必要と思われる対策をあらかじめパターン化して、まとめておく。そして顧客たちに提案をする。いわゆるマスカスタマイゼーションだ。

マスカスタマイゼーションとは、「マス」つまり「まとまった」対応をしながら、個別の要望にも応えカスタマイゼーションを行う、という意味だ。生産者や販売する側の都合としては、顧客をひとまとめにして対応したほうが、生産・販売する商品のボリュームも出せてコストも安くできる。商品を標準仕様で量産すれば、受注から納品までの時間も短くできる。一方で、標準品化して量産することを追求すると、個々の要望への対応が弱くなる。そこで、それらを両立するための仕組みがマスカスタマイゼーションである。個々の顧客のニーズをある程度の塊で捉え、パターン化をして対応するわけだ。

これをすることにより、何が欲しいのかわかっていない顧客に対して、提案がしやすくなる。顧客から見ても、業界の共通課題に対してあらかじめ必要なものが揃った提案をされたほうが、なにかと便利だろう。

マスカスタマイゼーションによる提案ができれば、ある程度のパターンのなかで議論を進めることができる。事細かい顧客の要望を一から聞かずとも、顧客をリードしやすい。

もしそこからはみ出る要望が顧客側から出た場合には、はみ出る工数として、しっかりと価値、つまり価格を提示することが重要だ。そこに価格が提示されていたら、多くの顧客は標準化されているパターン、もしくはパターンの組み合わせでよいとなる。

筆者は以前、ガスタービンメーカーの営業組織について、日本企業と欧米企業を比較したことがある。日本のメーカーは顧客の要望を事細かにヒアリングしているのに対して、欧米企業（具体的にはGEとシーメンス）の営業は、製品自体がパターン化されており、ほとんどの受注をそのパターンの中でこなしていると知った。

豪華客船の製造・販売などに関しても同様であった。欧米企業は「**顧客の要望にはかならずパターンがある**」と考える。その法則を見抜いて先に提示をしていくことが大事であり、**うまくいかないのであれば**「**パターン化の仕方が悪い**」**と考える**のだ。彼らには常に、共通で切り出せるところを探していくという視点があった。

日本の営業組織は、こうした視点や機能が弱い。日本のマーケティング組織は多くが販促部隊であり、製品やサービスの販売促進がメインだ。顧客のニーズを分析し抽象化する機能は強くない。その結果、日本の企業は、複数拠点で様々な営業担当者が同じようなニーズにバラバラに対応するという、無駄に労力を費やしていることが多い。

【事例】日立製作所：提案の雛形化と横展開を徹底

1つの事例を1社で終わらせない

ではマスカスタマイゼーションの取り組み事例をいくつか挙げてみよう。まずはBtoB（企業同士の取引）の事例からだ。

1社目は株式会社日立製作所だ。同社では2016年より「Lumada」（ルマーダ）というIoT（Internet of Things／様々なモノをインターネットに接続する技術・仕組み）プラットフォーム事業を展開している。これは同社が持つ技術を駆使し、顧客のビジネス上の課題を分析・解決していくソリューション（問題解決）事業だ。

この事業で日立は、顧客に提供した自社サービスの徹底したパターン化を行い、複数の企業に提供可能な形にして、マスカスタマイゼーションを進めている。ある顧客に提案したソリューションを、一顧客に対する事例では終わらせないということだ。たとえば同社は、ある製造業に提案し導入された（設備や機械の不具合を察知する）予兆保全システムから、製造業に共通してみられるエッセンスを抽出し、同じ業界の複数の企業へと提供可能なものにしている。

同社では必ず1つの案件に対して「類似のパターンがないか?」と過去の事例の探索をしているという。営業担当者やシステムエンジニアには、常に、「Lumada」で提供される事例を1社の例で終わらせることなく、複数に展開することを教育している。

同社が「Lumada」事業を推し進めた理由の一つに、リーマン・ショック後の09年3月期に計上した連結最終損益7873億円という赤字がある。経営を立て直すため、同社は製品の提供から、顧客のプロセス改革までを担うソリューション事業へとビジネスモデルを大きく変換していったのだ。

かつての日立では、ソリューション事業は特定の顧客向けのものとなってしまい、横展開し規模を拡大することが難しかった。そこからどのようにしてマスカスタマイゼーションを可能にしていったのか、3つのポイントに分けて見ていこう。

① 知財部門の役割の変化

同社では、ビジネスモデル転換のために大型買収を繰り返し行った。21年に約1兆円をかけて買収したアメリカのIT企業・グローバルロジックや、20年に買収したスイスの重電大手ABBの送配電事業部門・ABBパワーグリッド(現・日立エナジー)などがその例だ。いずれも買収先の事業を切り出して自社に吸収するのではなく、企業そのものを買収している。買収先の企業が持つ知財、顧客と生み出される価値、発明的なアイデアなどの知的資本に関する考え方を自社と融合させることが狙いだ。相乗効果が期待でき、企業価値の向上にもつながる。

こうした企業買収により、同社知財部門の役割は大きく変化していった。

また「Lumada」を活用したビジネスで顧客と課題解決をしていく際にも、多くの知的資本が生み出されるようになった。こうしたアイデアやノウハウには、発明性のある知的資本が含まれる。マスカスタマイゼーションを進めるためには、これらを可視化し、権利化する必要がある。同社の知財部門は、顧客と接点を持つ部門をサポートしながら、発明性のある、自社と顧客のアイデアの整理、可視化も担うようになった。

さらに顧客との意思決定の構造や、社会課題、経営課題、業務課題など各レベルでの活動の過程と成果までも、同社では知財部門も参画して収集、整理している。いずれも今後のビジネスで活用されるデータとして集積されている。

② 顧客接点の変革

ビジネスモデルの転換により、同社では顧客との接点を大きく変革した。「Lumada Innovation Hub Tokyo」という拠点を設け、顧客とのワークショップやディスカッションを通じて、顧客の課題を俯瞰的に捉え、体系的な整理を行うようにしたのだ。顧客との協創活動を推進するための知識やツールの整備も併せて行い、顧客理解を深められるよう仕組みも整えた。

現在、同社では独自の方法論「NEXPERIENCE」（ネクスペリエンス）を展開し、「Lumada」事業で数百件のグローバルな成果を出している。「NEXPERIENCE」は顧客と共に価値を生み出すための方法論で、大きく3ステップで構成されている。

ステップ1は「課題発見」だ。顧客の行動や環境を観察するエスノグラフィ調査に基づき、リアルな実態把握を行い、社会や集団の問題発生メカニズムを解明し、課題を発見し解決につなげる。課題発見は将来に対しても行われ、社会の潮流をよみ、それに基づく将来の課題、おこるかもしれない様々な未来のシナリオを考え、そこから将来の事業機会を発見していく。

ステップ2は「解決案創生」だ。顧客が抱える課題と価値を明らかにし、どのような価値を創造するべきなのかを明確にする。そこに世界中の同社の技術や知見を結び付け、解決につながるサービスのアイデアを創出する。さらに複数のステークホルダーの関係性を可視化し、解決時の社会的価値や各ステークホルダーの価値を検証し、事業構造を検討することにより、ビジネスモデルを設計していく。

ステップ3として、「価値検証」をする。解決時の顧客にとっての価値、ビジネスモデルを構成する各ステークホルダーの価値を検証した上で経営効果を見極め、事業性評価を行うのだ。現場の課題に対してどのサービスがどのような価値をもたらすのか、現場のデータを用いて事業価値のシミュレーションも行う。

このように3つのステップを経て顧客と価値を生み出し、それらを雛形化、定型化することで、マスカスタマイゼーションによる横展開を常に進めている。

③ 横展開を進める営業のサポート部隊

「Lumada」で行われた事業の事例は、知財部門も参画して再活用可能な形に整理されていると先に述べた。営業部門は、知財部門のサポートを得ながら顧客との活動を進めるが、同社にはデジタルエンジニアリングの面からサポートする部隊も存在している。「Lumada

Business Studio」と呼ばれる部門で、所属するコンサルタント約100名が全ての案件の情報を共有し、提案の組み立て方から実際に提案した事例までを把握しているのだ。同部門では毎週朝会を行うことで、組織としてのノウハウを可視化し共有している。

知財部門が参画しているDX契約支援委員会には、営業部門の担当者かエンジニアリングの部門から、顧客のデータが集まってくる。具体的には知財整理表というフォーマットで、顧客から取得したデータ、学習済みモデルについて経緯が整理され、プログラム、データ、ノウハウのカテゴリー別に、提供物や施した処理の内容、処理の結果から生じる成果が細かくまとめられている。

このように、それぞれのやり取りの経緯をもれなく社内で整理・活用する体制を整え、同社のマスカスタマイゼーションは実現している。

【事例】リコージャパン：ハードウェア事業からデジタルサービス事業へ転換

事務機器業界でソリューション事業に成功

次に紹介するのは、第2章でも取り上げたリコージャパンのマスカスタマイゼーション事例だ。

同社は2017年10月からスクラムパッケージという、主に中小企業向けにマスカスタマイゼーションした製品を提供している。顧客の業態や業種別に、問題解決プログラムをパッケージ化したもので、23年度の売上高は22年度比20％増の594億円。24年4月1日現在で、138パックをそろえており、状況に応じて、追加、入れ替えをしながら、23年度までに累計38万6000本の販売を実現している。さらに近年は、中堅企業向けに顧客の課題に適応するためのアレンジができる、スクラムアセットを展開している。

そもそも事務機器業界では、中堅・中小企業向けに地域テリトリーごとに営業担当者が配置されており、顧客の業界や業種に関する知識がつきにくく、顧客ニーズに根差した問題解決の提案が難しいとされていた。同社の場合、営業担当者はカタログで複合機を販売することが業務の中心であり、そこから顧客の課題解決を目指す営業に変えるためには、社内の体制作りが必須であった。

同社は複合機などのハードウェア事業から、デジタルサービス事業に転換しようとしており、スクラムパッケージはその象徴といっていい。今まで多くの企業が中堅・中小企業に対するソリューション（問題解決）事業に挑戦したが、その中でなぜリコージャパンだけは成功したのか？　その理由は大きく2つある。

①開発と事例構築の迅速化

スクラムパッケージの企画は、各業種を担当するプロデューサーと呼ばれるリコージャパンの社員が担っており、中小企業を訪問して課題発掘とパッケージモデルの検証を推進している。プロデューサーは1つの製品（パッケージ）開発に対し、約100件の顧客を訪問し、固有の業務フローの把握、顧客の困りごとの発掘、解決方法の検討を行う。それらを顧客に実際に提案しながら、仮説検証を繰り返し、結果のフィードバックをもとに改善を繰り返すことで、製品化していく。完成した製品は、リコーの複合機などを利用している既存顧客へ展開し、迅速な事例構築を行っていく。100社の訪問により製品化された後、それらを横展開するには、新規顧客ではなく既存顧客を対象としたほうが展開が早いからだ。

②人事制度の変更と社内DX

人事制度の面では、同社は18年度から職種ごとのプロフェッショナル認定制度を社内で運用している。セールス、CE（カスタマーエンジニア）、SEなど職種ごとに、知識・実施プロセスと成果に応じた8段階のプロフェッショナルレベルを判定することで、処遇を決めているのだ。これは従来の勤続年数に応じた人事評価制度から、個人のスキルや経験によって評価されるジョブ型人事制度への変更であり、その職種に対する知識、技能、成果を客観的に評価して、年齢や勤続年数に関係なく能力に見合った処遇をしようというものだ。

さらに顧客への提案営業も、従来の「営業は営業担当者、修理はCE」といった分業から、顧客を起点とした社内チームによるものへと体制を強化した。これにより検討から運用プロセスまで、営業、SE、CEなどがチーム内で情報共有をしながら、顧客にとって最適なシステムの検討、構築、運用が可能となった。チームでの提案営業が可能になった背景には、社内DXがある。職種ごとにバラバラだった情報システムの顧客軸で統合し、商談の状況、フォローアップなどをチーム内の各職種メンバーが見られるように、仕組みを再構築したのである。

同社はさらに、業績目標の策定方法も変更している。21年度から評価項目の変更を行い、顧客別に提供価値の展開状況について数値目標を設定した。顧客起点での課題理解とソリューションの展開をより強化するためだ。

このように社内の仕組みを大きく変えることで、リコージャパンはマスカスタマイゼーションを可能にし、それによる事業転換を図っている。

【事例】ハーレーダビッドソン：注文時に「自分だけのハーレー」が可能に

カスタムで〝フリーダム〟を体感

続いてＢｔｏＣ（企業と消費者間の取引）の事例を紹介しよう。

１社目は熱狂的なファンを数多く抱えるバイクメーカー、ハーレーダビッドソン(Harley-Davidson, Inc.)だ。筆者の周りにもハーレーが大好きな友人がいる。

同社のバイクは購入者による〝改造〟が当たり前で、ハーレーのカスタム専門店が以前より多数存在している世界だ。購入者は様々なパーツやアクセサリーでバイクを改造し、自分だけのハーレーを作っていく。

一方で、同社では注文時にカスタムすることも可能になっており、これがコアなファンを増加させている。

同社のサイト上では、注文時に、バイクのモデル、カラー、アクセサリーのカスタマイズができる。アクセサリーは、バック、シート、ウィンドシールド、ライト、車輪、マフラー、ハンドルなど、様々に用意されており、自分好みに変えていくことができるのだ。この過程がファンにとってはたまらないらしい。同社が提供しているのは、自由に自分だけのバイクが創造できる〝フリーダム〟であり、それはハーレーが持つアメリカンドリームを思わせるブランドイメージと強く符合している。

このカスタム受注は、実はマスカスタマイゼーションだ。

これを実現しているのは、アメリカ・ペンシルベニア州にある同社のヨーク工場である。この工場はスマートファクトリー（全体がネットワークで接続され最適化されている工場）で、カスタム受注が入ると、即座に必要なすべての部品のリストを取り込み、生産計画に反映し、部品の在庫確認や手配、製造実行、進捗管理を行っていく。ＩｏＴを活用した生産システムを取り入れたことで、ハーレーのカスタムオーダーが可能となっている。

同社は営業店舗においても、顧客に自由を感じてもらい、創造心を掻き立てるホスピタリティを大切にしている。

まさしく、工場と営業の仕組みが一体となり、実現されているのがハーレーのマスカスタマイゼーションといえよう。

【事例】ナイキ：素材調達から生産、物流までを最適化しカスタマイズに対応

デザインや色をカスタマイズ

次はスニーカーの事例だ。ナイキ（Nike, Inc.）のスニーカーはアスリートのみならず、そのファッション性の高さから一般の愛用者も多い。このスニーカーの生産において、ナイキでは個人の嗜好に合わせるマスカスタマイゼーションが行われている。

これには大変な苦労が伴った。やっかいなのはアッパーだ。アッパーとは靴の底を除いた、甲、腰、踵部分からなる部分の総称だが、製造において50以上のパーツに分かれており、それらを1つの製品にするために大変な労力がかかっていたのだ。

それを変えたのが、同社が2012年に発表した〝フライニット〟（FLYKNIT）というスニーカーだ。フライニットはアッパーをニットで編み上げたランニングシューズで、裁

断と縫製工程を劇的に減らし、生産にかかるコストや時間、素材の切れ端を削減することを可能にした。また同社はフライニットにより、シューズの軽量化のみならず、デジタル生産を可能とした。その結果、スニーカーの素材調達から生産、物流までを最適化する道筋が描かれた。

その後、ナイキは「Nike By You」というオリジナルスニーカーをカスタマイズできるサービスを行い、スニーカーの本体部分は大量生産の規格製品で作り、ユーザーがデザインや色を自分自身で決められるマスカスタマイゼーションを推進している。これは、ナイキのシューズを思いのままにカスタマイズできるものだ。「Nike By You」のホームページからカスタマイズ対象のスタイルを選定し、様々なオプションを選定することで商品の画像をみながら、自分だけのシューズをオーダーできる。注文したシューズは、2〜6週間で配送される。このサービスを受けるにはナイキメンバーとしての登録が必要であり、メンバーに限定されたマスカスタマイゼーションサービスである。

これによりナイキはどのような靴が注文されているのか顧客の好みの動向を知ることができ、顧客は自分にあった好みのシューズを注文することができる。

【顧客をリードする方法②】〝もの〟と〝こと〟のハイブリッド化

顧客をリードする方法の2つめとして紹介したいのが、〝もの〟と〝こと〟を組み合わせたハイブリッド化である。

単純に〝もの〟を買うのであれば、もはや人の介在は不要だ。インターネットにアクセスして購買すればいい。クリックひとつで簡単に配送されてくる。今や多くの〝もの〟、はコモディティ化（競合する商品同士の差がなくなった状態・均一化）してしまった。製品が普及していない頃は、〝もの〟そのものに付加価値があり、製品の性能を説明することが大事であった。しかし現在は製品が広く普及し、〝もの〟そのものに付加価値を感じられなくなっている。勿論、唯一無二の製品も存在するので例外もあるが、一般的にはそうだ。

そして、製品の性能の説明も、それに関する第三者の評価もネットで手に入る。他社品との比較もYouTubeなどで豊富に提供されており、顧客は情報リッチになっている。

こうした状況のなか、「顧客が求めているのは、〝こと〟である」とよく言われる。「〝もの〟から〝こと〟へのシフト」、これは多くの製造業で言われてきた。〝こと〟とはサービスなど無形なものだ。しかし、〝こと〟だけでいいのだろうか？

筆者が考えるに、大事なのは、**顧客の体験**である。

体験は〝もの〟と〝こと〟の両方で構成されている。

例えば、自動車を買うとしよう。レクサスのディーラーに行き、素晴らしい空間のなかで接客を受ける。レクサスに乗ることで得られる贅沢な時間、移動空間の楽しさを感じる。ホスピタリティのあふれた対応を受け、契約し、納車のときを待つ。納車時には、その喜びを演出してくれるイベントがある。〝もの〟である自動車と、購入検討時からの素晴らしいサービス、接客対応、購買時と納車時の喜びなどが組み合わさり、顧客体験は構成されていく。

これからは、こうした**顧客体験を如何に向上させていくかが非常に大事になる。**〝もの〟だけを売るのではなく、〝こと〟も組み合わせたハイブリッドな形で、顧客に接していくことが必要となる。

では、〝もの〟と〝こと〟のハイブリッド化をどのように進めればよいのか？

いくつかの事例を見てみよう。

【事例】ミスミグループ本社：ハイブリッド化で時間価値を提供

顧客の仕事のプロセスを変えた

ファクトリーオートメーション（ＦＡ／工場の自動化）部品や金型部品を取り扱う、株式会社ミスミグループ本社という企業がある。この会社が実施していることは「時間価値」の提供である。ミスミの主な顧客は製造業の製造ラインの設計担当者たちで、ライン設計をするために図面を描くのだが、ミスミはそこに様々な機能を提供している。

例えば、それまで特注対応・受注生産が基本であった機械部品や金型を、パターン化しカタログ販売を実現している。品ぞろえも豊富で、同社では、ＦＡ装置用部品、金型用部品のサイズをミクロン単位で指定することが可能であり、サイズのバリエーションまで含めると８００垓（１兆の８００億倍）の部品を取り扱う。出荷も迅速で、標準２日目に出荷が可能だ。

これらすべてが、同社が提供する価値そのものだ。顧客が必要とするＦＡ装置用部品、金型用部品を探し、適正なものを見つけて手にするまでの時間を最短化することにより、顧客に時間という価値を創出しているのである。

これは、ミスミに対する顧客からの評価を大きく引き上げる。同社の競争力の源泉といっていい。単にFA装置用部品や金型用の部品を購入するだけであれば、従来から付き合いのあるFA商社などの営業担当者と話をし、自社が欲しいものを会話から絞り込み、見積もりを取りよせることで購入はできる。だがプロセスには膨大な時間がかかる。たとえば金型ひとつをとっても、自社が求めるものをその都度、金型事業者に見積もってもらう必要があり、購入に膨大なコストと時間がかかるものだ。

その点、ミスミなら、製品がカタログ化されており選定が楽になる。それがウェブカタログならば、営業担当者に面会する時間もカットして製品を購入できる。

顧客である設計者たちにとって、ミスミで購入することは仕事のプロセス改革につながる。設備設計をしながら部品の購入ができるのだから、多くのプロセスをカットでき、圧倒的な時間短縮となる。ミスミを一度使った設計者は、再びミスミで購入するようになる。

デジタル部品調達サービスで92％もの時間削減も

同社では、自社の価値を高めるためのさらなる取り組みも進められている。紙の図面による調達が原因で生じる、モノづくりの時間のロスをカットするための取り組みだ。

実際、同社のカタログ規格品でも、製造業の調達の全体の52％しかカバーできておらず、残りの48％の紙の図面品領域に対しては手が回っていなかった。そこに、何等かのソリューションを提供することを考えたのだ。

同社の試算では部品数1500の設備における調達を例にした場合、作図・見積もり・待ち時間を合計して1000時間を要しているという（図表12）。また同社が5000社のメーカーに行った調査によると、未だ98％のメーカーが部品調達にファクスを利用していることも分かった。

このようなカタログでカバーできない調達に着目し、同社は更なる時間価値の創出を行おうとしている。それが「meviy」（メビー）というデジタル機械部品調達サービスだ。同社の試算によれば、前述した部品1500の設備における調達の場合、92％もの時間が削減されるという（図表13）。meviy の仕組みはこうだ。顧客が3Dデータをミスミのサイトにアップロードすると、AIが見積もりを行い、即時に価格と納期を提示する。さらに顧客の3Dデータから、製造プログラムを自動的に生成し、デジタルでモノづくりを開始する。最短1日で出荷が可能となる。従来は、顧客が3Dで設計をしていても、見積もりのためだけに2Dの作図が必要であったが、顧客はその作業が不要となり、購入までのプ

図表12 部品数1500の設備にかかる作業時間(試算)

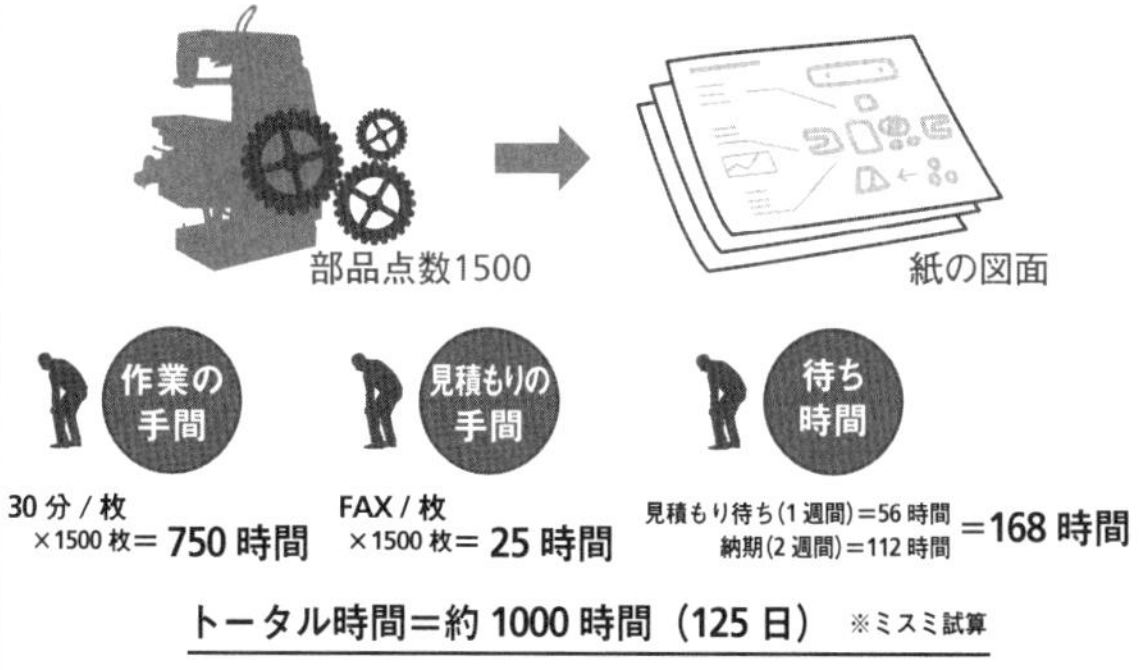

出所：株式会社ミスミグループ本社提供資料をもとに筆者が作成

図表13 デジタル機械部品調達サービスによる時間創出(試算)

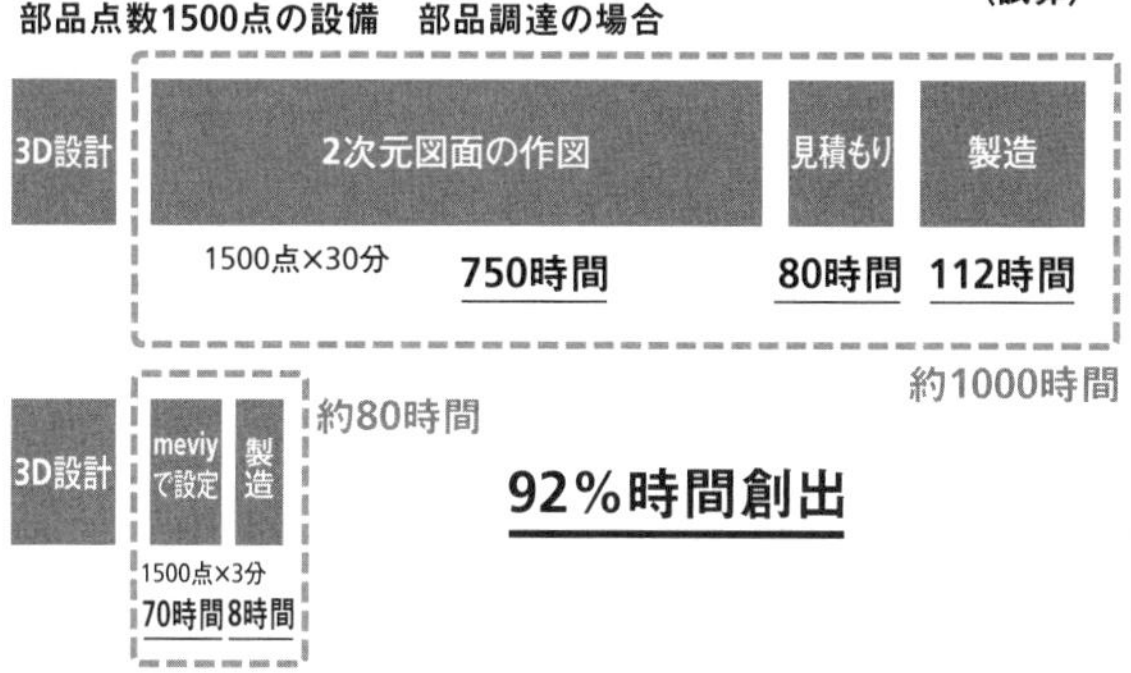

出所：株式会社ミスミグループ本社提供資料をもとに筆者が作成

ロセスが圧倒的に楽になる。

同社は、〝もの〟（顧客が欲しがる部品）を販売するだけではなく、発注に関わる様々な手間と時間を圧倒的に短縮するという〝こと〟を掛け合わせ、時間価値を提供している。

【事例】コマツ：土木現場の人手不足にハイブリッド化で挑む

業界全体の問題解決を目指して

第1章で紹介したコマツも、〝もの〟と〝こと〟のハイブリッド化を進めている。同社が提供するのは、土木施工全体をデジタル化するスマートコンストラクション®というサービスである。土木施工全体を最適化するためのDXといっていい（図表14）。

現在の土木現場では地形の可視化すらできていないことが多いのだが、同社のサービスでは、まず地形をドローン測量し可視化を行う。そして施工に関するシミュレーションを実施し、あらゆるデータを有機的につなげ施工を支援する。これは建設機械という〝もの〟に、土木施工全体のデジタル化という〝こと〟を掛け合わせた、顧客の課題解決をリードしている事例と言えるだろう。

図表14　スマートコンストラクション®により提供される“こと”

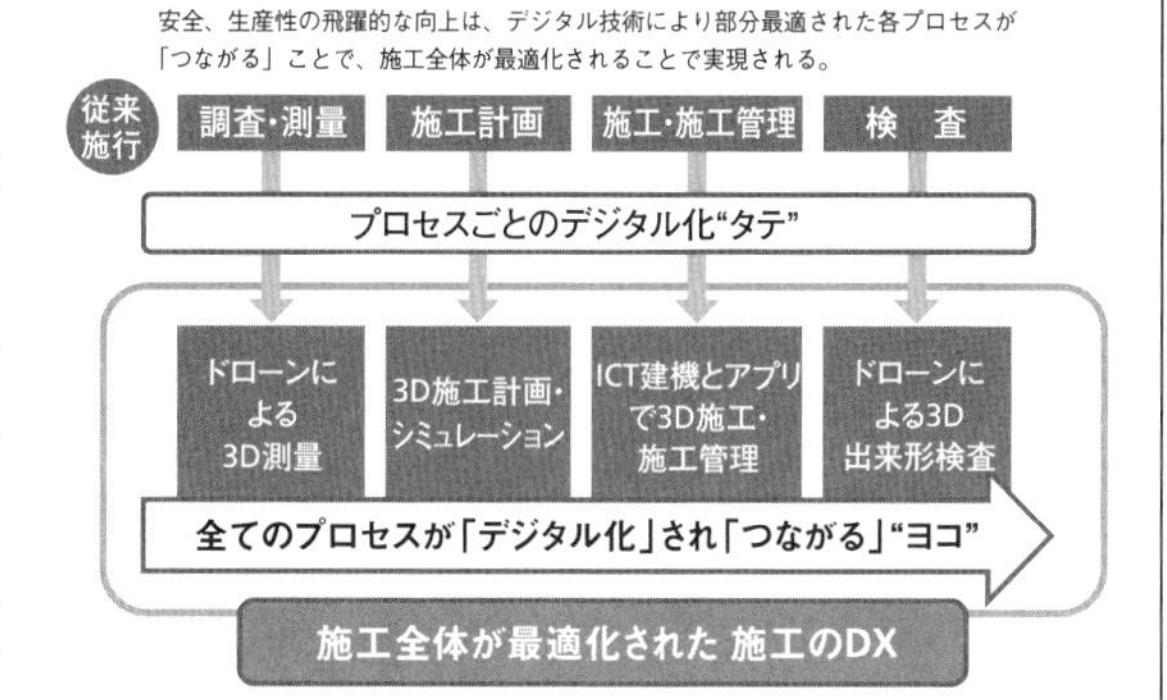

出所：コマツ「コマツのデジタルトランスフォーメーション戦略」(2019)をもとに筆者が作成

コマツが〝もの〟と〝こと〟のハイブリッド化を進めた一因に、土木業界の人手不足問題が挙げられる。

従来のように土木現場に建設機械を提供するだけでは、土木現場が抱える問題の一部しか解決できない。測量・調査、施工計画、施工・施工管理、検査という土木工事全体のなかで、同社が提供していたのは施工における建設機械という〝もの〟のみであった。

だがコマツが提供したい価値は、土木現場が抱えている問題全体の解決である。日本全体で人手不足と言われて久しいが、土木施工現場では一層深刻で、デジタル化も難しいとされてきた（そもそも、扱う対象である土地のデジタル化が難しい）。

こうした業界全体の問題を解決するため、コマツは、スマートコンストラクション®により、建設現場のプロセスにおけるあらゆる〝もの〟のデータを有機的につなげ、施工全体を最適化し、測量から検査までをクラウド上のシステムで可視化するサービスを開発した。安全で生産性の高い「現場の創造」という〝こと〟の提供で、日本の土木産業が抱えている人手不足の解決に挑んだのである。

土木現場そのものをデジタル化する

同社はかねてより「Komtrax」（コムトラックス）という建設機械のリモートモニタリングシステムを提供し、自社製品の稼働状況を分析し稼働率を高めてきた。しかしながら、Komtraxで扱うのはあくまでも建設機械という〝もの〟の情報のみであった。

コマツがスマートコンストラクション®で挑戦しているのは、土木現場そのもののデジタル化という〝こと〟だ。同社は他社機に対しても対応できるレトロフィットキットという後付けキットを提供しており、コマツ以外の建設機械でも施工のデジタル化を可能にしている。

これらのサービスにより、土木現場全体のデジタル化が進めば、生産性も高められ、業界全体の活気にもつながる。国土交通省はICT施工として土木産業の生産性を高めるためのデジタル化を推奨しており、コマツは業界全体をリードしているといえよう。

【顧客をリードする方法③】リカーリングモデル

顧客をリードする方法の3つめはリカーリングモデルだ。リカーリングとは「繰り返される」「循環する」という意味で、継続的に収益を生み出すビジネスモデルを指す。**サブスクリプションサービス**などが該当する。

リカーリングモデルは売り切り型のビジネスモデルとは違い、顧客と常に伴走し顧客の体験を高める努力が必要となる。ここでは、リカーリングモデルを取り入れ、顧客のニーズを先取りして応えた例として、フェンダー、メニコン、ダイキンエアテクノの事例を紹介したい。

【事例】フェンダー：サブスクで継続する心理的障壁を下げる

顧客の最大の課題は続けること

フェンダー（Fender Musical Instruments Corporation）はギター、ベース、アンプ、その他関連機器を製造するメーカーで、アメリカ・アリゾナ州スコッツデールに本社を構える音楽業界の名門企業だ。１９４６年に創業し、ロックからカントリー、ウェスタン、ジャズ、リズム&ブルースと、様々なジャンルの世界中の音楽の愛好家、プロフェッショナルに愛用されている。

同社の課題は、エレクトリックギター市場において如何に中長期にわたり顧客との関係性を築き、安定した収益をあげるかであった。そこでフェンダーは、２０１７年より、初心者をターゲットとしたオンラインの学習プログラム「Fender Play」（フェンダープレイ）というクラウドサービスを提供することとした。

このサービスは、タブレット、スマートフォン、パソコンなどからアカウントを登録すれば、その日からギターの学習を始められる。新規登録をすると無料トライアルの受講が可能で、無料トライアル後は月額19・99ドルでサブスクリプションサービスの提供が受けられる。数百あるレッスンから好きなものを選び、動画を視聴し、様々なスキルを身につけることができる。

Fender Play は、顧客を飽きさせない工夫に満ちている。会員登録時に学習したいギターの種類、ジャンルなどの質問に答えることが必要となっており、個人の好みから顧客が飽きないカリキュラムが組まれていく。それらはカリフォルニア州のソーントン音楽学校やミュージシャンズ・インスティテュートハリウッド校などで使われる、信頼されている音楽プログラムであり、音楽教育アドバイザーによる制作委員会と協業して制作されたものだ。

教材となる曲は音楽の習得に役立つものを厳選しており、U2、ザ・ローリング・ストーンズ、など著名なアーティストの楽曲を学ぶことができる。また、課題曲は受講者のレベルに応じてアレンジされることで、個々人のレベルに合わせた学習が提供されるようになっている。

ギターを学ぶ人にとって一番の課題は続けることだが、それが難しい。特に独りで学んでいる場合はなおのことである。19年のフェンダー社CEOのアンディ・ムーニー氏のコメントによると、「実際、ギターを購入し、始めても90％の人々は1年以内に挫折してしまう」という。これはフェンダー社にとっては大きな事業機会の喪失である。もしこれらの消費者が挫折せずにギターを継続したとしたら、フェンダーのギターを数本購入していたかもしれない。それだけで市場は大きく広がる。

場所的、時間的制約のない仕組みを提供

一般に、音楽を学ぶ方法として対面レッスンがある。しかしながら、これは場所的、時間的制約が伴う。教室まで通い続けるということ自体、継続することの大きな障壁となる。レッスンが複数人で行われる場合は、（腕前に自信があるならよいが）自分の実力に気が引けることもあるだろう。自分が周囲より上手であれば、周りの生徒に合わせたレッスンに対して、もどかしさを感じるかもしれない。個人レッスンならそれらは軽減されるが、経済的な負担が伴う。

Fender Play はそれらの負担を感じることなく、気軽に始められる仕組みになっている。場所的、時間的な制約がなく好きなように学べるため、継続することへの心理的障壁が少ないし、レベルに応じて提供されるカリキュラムやチョイスできる様々な楽曲は、初心者を飽きさせない。同社では、TikTok の公式アカウントも開設しており、ギターを楽しむ

人々がその腕前の上達を披露できる場も提供している。簡単にスマートフォンを使い撮影することにより、演奏会を開くといった手間をかけずとも、好きなときに動画をあげて腕前の披露ができ、また気軽に友人の演奏を見て楽しむこともできる。

Fender Playは、それ自体がサブスクリプションサービスとして収益を上げていると同時に、ギター市場の拡大にも大きく寄与しているといえるだろう。そして、拡大したギター市場は、同社のギターの販売業績にも大きく貢献している。

パンデミックの影響もあり、自宅でギターを楽しむという市場は拡大した。同社の発表によると、20年に同社は大きく売上を伸ばしている。

リカーリングモデルはこのように、新たなるサブスクリプションサービスをもたらすと同時に、ハードウェアの市場を大きくしていくという効果をもたらしている。

【事例】メニコン：目のトラブルへの問題意識から定額制を導入

業界初となるコンタクトレンズと目のサポートの定額制

株式会社メニコンは名古屋に本社があるコンタクトレンズ事業者である。同社はコンタクトレンズのサブスクリプションサービス「メルスプラン」を提供している。

1951年に角膜コンタクトレンズを開発して以来、同社は日本のコンタクトレンズ市場のパイオニアとして事業を展開してきた。だが90年代に入りコンタクトレンズのディスカウントショップが増加し始め、市場のトレンドが「高品質、安全」から「簡単、便利、安価」へと変わっていく。コンタクトレンズは一気に日用品化したが、一方で誤った使い方による眼障害も増えていった。当時は使い捨てコンタクトレンズがなく、1年から3年と長く使うものがほとんどであったが、価格競争が激しくなるにつれ、メーカーのユーザーに対する長期的なサポートが疎かになっていったのだ。

その後、使い捨てレンズが国内に上陸すると、経済的負担の軽減のため多少調子が悪くても新たにコンタクトレンズを購入せず、我慢して古いものを使うという人が増え、目に不具合を感じる消費者はさらに増加していった。

眼科医であり、当時のメニコンの取締役であった現会長の田中英成氏は、このままではメニコンだけではなくコンタクトレンズ業界全体の評価が悪くなると強い危機感を抱いたという。

そこで同社は、ユーザーが懐事情を気にせず、安全にコンタクトレンズを使える方法として、購入後のサポートまでをビジネスとして展開することを考えた。コンタクトレンズの定額制という当時の業界では誰も行っていなかった新しいビジネスモデルである。これがメルスプランだ。

販売店を通さず顧客情報を直接把握

メルスプランは、リスク開示をしたうえで高度管理医療機器としてのコンタクトレンズを正しく使い続けてもらうため、コンタクトレンズの使用に伴う継続的な眼のケアに、対価を受け取るという考え方である。両眼で月額2100円（税抜き）～という定額制で、眼科医がライフスタイルや嗜好性にあったコンタクトレンズを処方してくれる。同社がメルスプランで提供したのは、コンタクトレンズの使用に伴う、継続する安心・安全そのものだ。レンズは常に最適な状態とされ、破損した場合や、近視の度数が変わった場合は新

図表15　メルスプランの仕組み

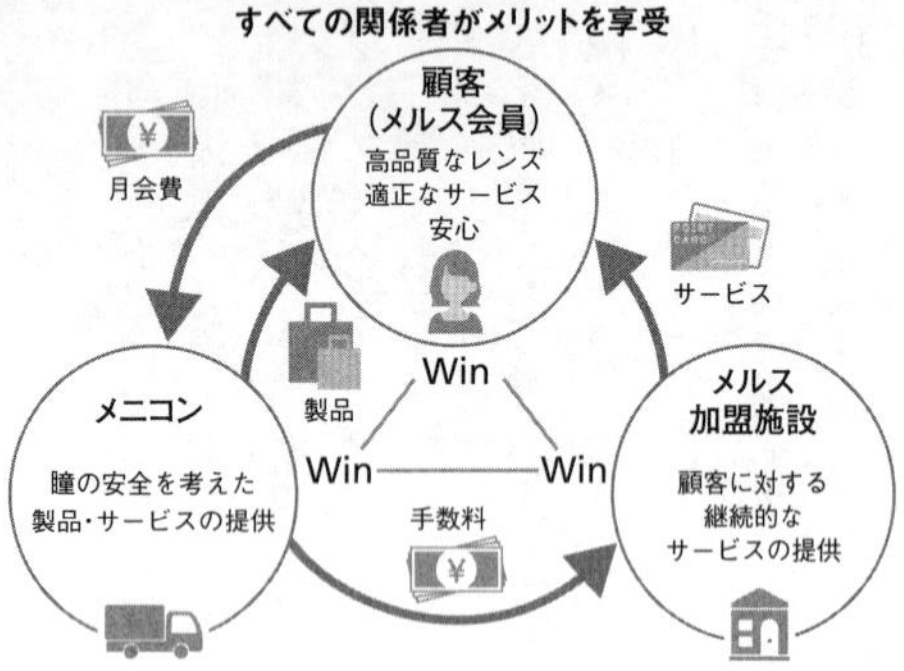

出所：株式会社メニコン　個人投資家向けIRセミナー資料（2021）をもとに筆者が作成

しいレンズの受け取りが可能である。これにより、消費者は眼の状態を常に最適にすることができる。

一方で、新しい商品の浸透には苦労が伴う。ましてや、業界初となるコンタクトのサブスクリプションである。「ひと箱いくら」という売り方から、安心安全を月額定額料金で提供するというビジネスモデルへの転換には、販売店など同社に携わる多くの人たちに正しく理解してもらうことが必須だ。そのための地道な啓発活動を行い、顧客や販売店とのつながり方を変えていった。

従来の売り切り型のビジネスでは、商品がメニコンから販売店、販売店から顧客へと流れ、キャッシュは顧客から販売店、販売店からメニコンへと流れた。これに対してメルスプランは、メニコンと顧客の直接取引である。販売店には手数料が

図表16　メルスプランの累計会員数推移

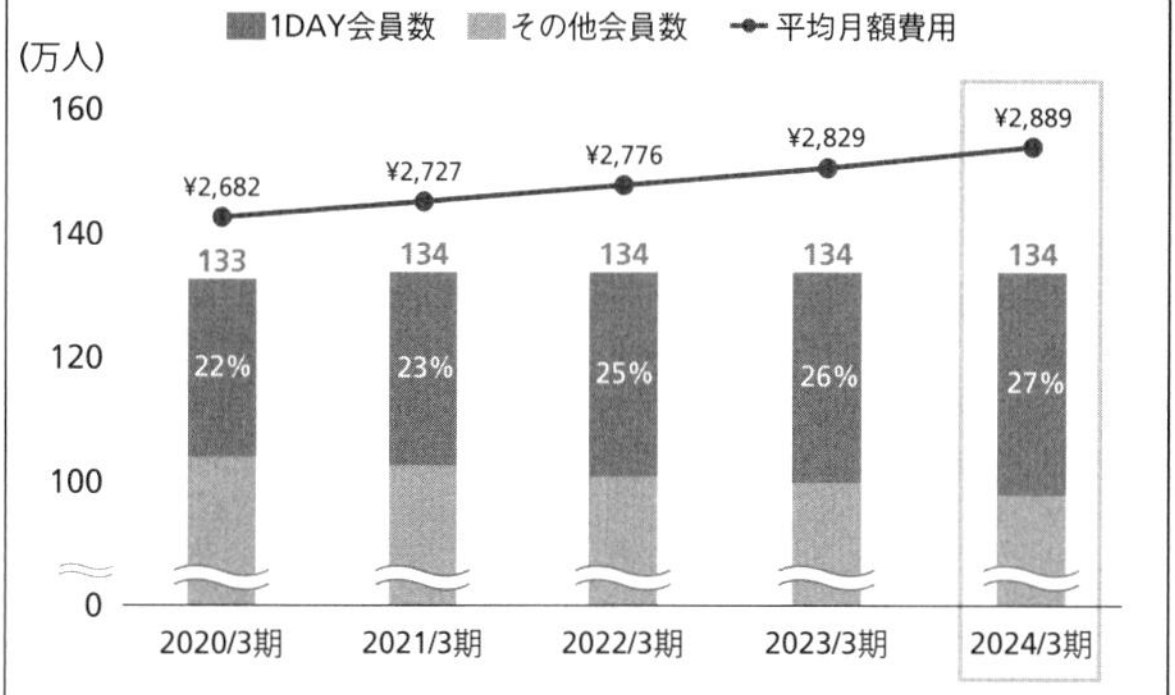

出所：株式会社メニコン2024年3月期 決算説明資料をもとに筆者が作成

入る仕組みで、メニコンと顧客が結びつく（**図表15**）。これにより同社は、顧客の情報を直接把握することが可能になった。消費者側の態度も次第に変化し、価格重視から、機能や品質、安全度で店を選ぶという傾向になった。

　結果的に業界全体が価格競争から脱却し、消費者にとっても、販売店にとっても、メニコンにとってもメリットがもたらされるWin-Win-Winのビジネスモデルとなった。

売上の40％を占める安定収益に

　メルスプランは、会員数を順調に伸ばし、２０２４年３月期決算での実績は、１３４万人となっている（**図表16**）。

24年３月期の売上高でみると、売上１１６１億

9200万円に対して、メルスプランによる売上は464億5900万円で、約40%を占めており、安定的収益と潤沢なキャッシュフローを創出し経営を安定させていると分かる。翌年以降の売上も会員数の推移から予測しやすい。

その後、業界内では多くのサブスクリプションサービスが登場しているが、同社はそれらと明確な差別化をしている。メルスプランではコンタクトレンズの提供箱数に制限を設けていない。他メーカーは定期配送であり、1年間で送付する量が決まっている場合が多い。このように、きちんとレンズ交換をすることによる眼の安全を訴求しており、それが消費者から圧倒的に支持を受けている。

同社にとって今後の課題は、メルスプランのデジタル対応の強化である。これまでのようにリアル店舗で眼の状態を見て入会するスタイルから、オンラインとオフラインを融合したモデルに変換していくことで、ネット購買をメインとしている層にも安全安心の顧客体験を広めていきたいという。また、海外展開も大きな課題だ。海外は日本とは市場環境が異なる。全く同じことはできないが、安全、安心の顧客体験を如何に海外に広めていくかが同社にとっての、次のステップとなる。

【事例】ダイキンエアテクノ：空調のサブスクを実現

空調の最適化を提供するエアアズアサービス

ダイキン工業株式会社の100％子会社に、ダイキンエアテクノ株式会社という空調と建物設備のサポートを行う会社がある。同社と三井物産が共同し、空調の最適化を提供するエアアズアサービス株式会社を設立し、2017年からは「Air as a Service」（エアアズアサービス）という空調サブスクリプションサービスを開始している。この事業は三井物産が持つ情報通信技術機能とファイナンス機能と、ダイキンエアテクノが持つ空調技術、空気の最適化に関する専門知識を組み合わせることで成り立っている。

サービスのポイントは、顧客（建物オーナー）の空調管理の負担を取り除けることにある。月額固定料金制で、オーナーに代わり同社が空調設備の設置、所有をし、利用実態を分析した最適な形で運用管理を行う。顧客は管理という業務を負担することなく、快適かつ省エネルギーな空調空間を獲得できる。

エアアズアサービス社の主な顧客となる市場は病院、介護老人保健施設・福祉施設、宿泊施設などだ。サービス提供に際して同社は、事前の計測とヒアリング、最適機器の選定、設計、修理・保守計画の策定を行い、初期費用と月々の利用料の提案をする。サブスクリプションの料金内で、遠隔自動点検、空調トラブルを未然に防ぐ予兆保全なども請け負う。

このサービスを開始するため、同社は100件ほど顧客への提案活動を行い、顧客が現状の空調環境に対してどのような不満を抱えているか、入念な事前調査を行ったという。

親会社・ダイキンのビジネスモデルに影響も

空調に関する顧客の悩みは、顕在化されている省エネルギー、省コストのみならず、猛暑、熱中症における空調の重要性の増大、慢性的な人手不足、管理の手間の増大からくる所有から利用へのニーズなど、潜在的なものも多い。

そこで本事業では、ダイキンエアテクノとエアアズアサービスのエンジニアが、顧客の空調環境を効率的に分析できる仕組みにしている。潜在的なニーズも含めて、調査により明らかにする必要があるからだ。

親会社であるダイキンは、従来の売り切りモデルでは代理店に空調を販売してもらい、設置業者が設置をしてきた。だがエアアズアサービス社の事業に関しては、商品の売り方そのものが変化した。ダイキンは当事業として設計、施工から、保守、エネルギーマネジメントまで、技術とサービスをワンストップで提供することとなったのだ。それに伴い、人材に求められることも大きく変化した。顧客の使用環境をしっかりと理解し、コンサルタントとして使用環境を分析する能力、デジタル技術の理解と活用能力も必要となり、それらのスキルの教育や開発を行っていった。結果として顧客との接点が強化され、顧客と直接繋がるビジネスモデルへの転換につながっている。

本サービスに対する顧客からの反応はよく「冷暖房に対する不満が解消された」と評価する声が最も大きい。空調などの設備管理の人材が不要となるため、人的リソースの問題が軽減され、突然の修理費など突発的な費用も必要なくなる。

現在、「Air as a Service」の実績は約40（22年4月時点）の施設にまで広まり、特に病院への導入実績が最も多い。病院は空調の運転時間が長く、患者や働いている人々などからの、空気の品質に対するニーズが強いのが特徴だ。エアアズアサービス社では、同様に空気の品質を求める施設に対し、省エネ・省コストのメリット、空調故障への不安解消などを押し出し、本サービスを訴求している。

【顧客をリードする方法④】潜在的ニーズを商品化する市場開発

顧客をリードする方法の4つめは市場開発だ。顧客も気づいていないニーズを、商品やサービスの形にし、新たな市場を作り上げる。これは、顧客リサーチからは出てこない。顧客に自覚がないのだから、インタビューをしてもニーズが見いだされることはない。**必要なのは顧客に対する深い洞察力。**事例としては、アイロボットが挙げられる。

【事例】アイロボット：ロボット掃除機ルンバを普及

自分たちの時間の創出

アイロボット（iRobot Corporation）は、アメリカ・マサチューセッツ工科大学のロボット学者たちにより、1990年に創設された。2002年にロボット掃除機ルンバを市場に投入し、21年には、15・64億ドルの売上を実現。マサチューセッツ州ベッドフォードに本社を構え、アメリカ、欧州、アジアに拠点展開をしている。

掃除機という成熟した市場にロボットの技術を持ち込むことにより、顧客が気づいていない潜在的需要を掘り起こした企業であり、掃除をロボットに任せることによる「自分たちの時間の創出」という新しい価値を生み出したのである。

同社はロボット掃除機市場を着実に拡大させている。

同社日本法人は「ロボット掃除機　一家に1台」というスローガンを掲げており、「23年までに全国世帯普及率10％達成」を指標にしていたのだが、目標達成のためには消費者の固定概念を払拭する必要があったという。

読者の皆様はロボット掃除機をお使いだろうか？　実は私は大のルンバファンだ。一度使ったら、本当にたまらなく楽しい。けなげに床を掃除してくれるルンバを見ていると、何やら愛おしくなる。そんな私も最初は、ロボット掃除機に対して疑心暗鬼だった。本当にきれいになるのか、正直信じられなかった。日本の顧客は（私のように）、ロボット掃除機に対する興味はあるものの、使ったことがないので効果に対して疑心暗鬼になりがちだという。アイロボットジャパンによると、消費者は「従来の掃除機で満足」「（ロボット掃除機は）価格が高い」「本当に掃除できるのか不安」「良心の呵責」の主に4つの理由から、ロボット掃除機の購入に躊躇するという。

潜在的ニーズはあるのだが、固定観念から購買に至らない。こうした状況を打破し需要を引き出し、市場を創造するために、同社はさまざまな仕掛けを行った。

日本発のルンバのサブスクリプション

18年10月に同社が発売した「ルンバe5」は、ロボット掃除機として価格競争力のある5万円を切る価格（税別）でありながら、頭脳や吸引力は上位機種並みという、圧倒的コストパフォーマンスを誇る。これにより同社は、多くの新規ユーザーの取り込みに成功した。

その後、さらに普及率を上げるために、同社はルンバを月額1200円からレンタルできるサブスクリプションサービス「ロボットスマートプラン」を開始する（19年6月〜）。これは本国の米国でも実施していない日本発のサービスであり、2年の構想期間をかけて実現したという。「ロボットスマートプラン」は、これまでロボット掃除機を導入したことのない顧客に使用機会を広げた。

さらに、アイロボットジャパンは、サブスクリプションサービス開始から1年が経過した20年6月8日、顧客の声をもとに「製品ラインナップ拡充」、「契約期間の短期化」、「さらなる低価格化」を叶えた「ロボットスマートプラン＋（プラス）」をサブスクで開始すると発表した。

「ロボットスマートプラン＋」では、ロボット掃除機「ルンバ」に加え、床拭きロボット「ブラーバ」の各ラインナップが追加された。夏になると床を裸足で歩くことが多い日本の習慣から床拭きロボットは日本では人気であることからだ。

さらに24年2月からはアイロボット初の空気清浄機「Klaara p7 Pro」も対象としている。この改定では、業界でも革新的な「期間縛りの撤廃」や、「価格改定・継続割引」をはじめとする3つの大きな改定を実施することによりロボット掃除機がより身近な存在となり、導入のきっかけとなることを狙ったものである。さらには公式整備済みのリユース品を活用するなど、環境にも配慮した設計となっている。

こうして同社は、ロボット掃除機を使ったことがない消費者層に対して、簡単に試せるプランを充実させて、市場を開拓していった。

その結果として、同社はロボット掃除機の世帯普及率を高めることに成功した。ルンバe5の発売前の世帯普及率は、4・5％だったが、その後、ロボット掃除機の世帯普及率は、19年6月時点で、5・1％、20年5月末時点で6・5％、さらに22年2月には8・3％まで高めることに成功している（同社調べ）。

さらに24年4月には、日本市場においても、国内の同社製品累計出荷台数が600万台を突破したことを発表している。これによりアイロボットジャパンが18年に中期目標として発表した自社ロボット掃除機の全国世帯普及率10%を達成している。

世界各地において、着実にロボット掃除機市場を創造しているのだ。

アイロボットジャパンが22年7月に行った、アイロボットユーザー登録をしている20代~70代の男女、6916名を対象としたアンケート調査によると、ルンバに対する満足度は「購入した金額と同等以上」と考える人が9割を超えている。

同社は、製品単独ではなく、サービスとしてロボットを提供し、顧客への新しい〝お掃除体験〟の提供に成功したのだ。

従順さを手放し顧客をリードする組織へ

顧客に従順な組織には様々な弊害がある。

カスタマイゼーションなど価格に反映されない手間をかけてしまうと、その結果、回収できない様々なコストが発生してしまう。また、顧客に従順な組織は、何よりも顧客の言っている範囲でしか動くことができないので、顧客に対する後追いとなり、顧客の期待値は絶対に超えられない。

このような状況を脱するには、顧客をリードする組織に転換していくことが必要だ。

その方法として、①顧客の要望のパターン化によるマスカスタマイゼーション、②〝もの〟と〝こと〟の組み合わせによるハイブリッド化、③リカーリングモデルにより継続的な価値を提供する組織、④市場開発型組織、という4つを紹介した。
①について、特に大事なことは俯瞰である。
具体化と抽象化がここでは非常に重要で、顧客のニーズを具体化するのみならず、それを抽象化することで、パターンに分けていくことができる。それにより、顧客の要望のパターンに合わせたメニューを事前に用意し、顧客をリード、誘導することができる。常にそのマスカスタマイゼーションしたメニューを更新していくことで、顧客へのリードができる組織に変わっていける。
②の〝もの〟と〝こと〟を組み合わせるハイブリッド化は、製品の「品質」の訴求から、顧客にとっての「価値」に、訴求ポイントをシフトすることを意味する。
そのためには、顧客の真なるニーズは何であるかを常に洞察することが求められる。ミスミはFA装置用部品や金型用部品における顧客のニーズを分析し、顧客にとって充足さ

れていないニーズである「発注における複雑性」をなくし、簡単かつ短いリードタイムで購入をしたいというニーズを充足した。金型部品は個別対応であるという既成概念を打ち破ったのだ。コマツも同様に、建設機械というハードウェアから「土木作業を可視化し、効率化したい」という本来の顧客のニーズに気づき、それを充足するため、〝もの〟と〝こと〟を組み合わせて価値提供することで、自社の提供価値を再定義している。

そして、③リカーリングモデルにより継続的な価値を提供する組織では、顧客の体験を高めることに着目する。

フェンダーの事例で述べたように、顧客は「ギターを上達したい」と思いギターを購入するが、多くの人々はギター購入後、継続して練習することに挫折してしまう。多くの顧客が求めていた体験が実現できない状況にあったのだ。もし、フェンダーが売り切りビジネスを展開していたら、顧客体験を如何に高めていくかという視点は持たなかっただろう。リカーリングモデルは、顧客体験に着目し、顧客と伴走することにより、顧客が気づいていないニーズをあぶりだすことができる。

最後に④の市場開発型組織であるが、これには市場の洞察力が求められる。

成熟した市場でも当たり前のことを当たり前で終わらせず、疑問を投げかけることだ。

アイロボットが行ったように、成熟している市場でも、ライフスタイルの変化からくる顧客の新たなる要望、不便に光をあてれば、新たなる需要、市場を見つけていくことができる。変化に対して高くアンテナを張る必要があるだろう。

第4章

販促しかできないマーケティング部門はいらない

日本に極めて少ないマーケティング組織

この章では、企業の中でも特にマーケティング組織に絞って述べていきたい。

日本にはマーケティング組織が「存在していない」、とは言い過ぎかもしれないが、筆者から見れば極めて少ない。多くの企業に存在しているマーケティング組織は、例えばカタログや発売通知など様々な販促ツールをつくっていたり、イベントを企画したりと、販売促進のみを行っている場合が多い。勿論、販売促進もプロモーションというマーケティングの重要な要素であるが、**「マーケティング＝販売促進」ではない。**

マーケティングの要素として、確かに販売促進は重要だが、それだけでマーケティングは成立しない。ドラッカーはマーケティングの理想を「販売を不必要にすること」とし、マーケティングの目的は「顧客についての十分なる理解」であり、「顧客に製品やサービスを合わせ自然に売れるようにすること」と述べている。

アメリカのマーケティング学者、エドモンド・ジェローム・マッカーシーはマーケティングの要素を「プロダクト（製品）、プライス（価格）、プロモーション（販売促進）、プレース（場所）」の「4P」とした。マーケティングの大家、フィリップ・コトラーは、そこに「ピープル（人）、プロセス、フィジカルエビデンス（品質保証などの物的証拠）」

の3つを加えた7Pを提唱している。

先人たちの言葉を筆者なりにまとめれば、**マーケティングとは「市場を開発すること」**であり、顧客を十分に理解したうえで、「**顧客のもとめるものを提供**」**し、それらが「自然に売れる仕組みを構築すること**」である。販売促進はマーケティングの一部でしかない。

翻って日本のマーケティング部門を見ると、やっていることは「製品の販売促進」が中心で、求められる機能とは程遠いだろう。顧客のニーズに対する理解も、過去から販売されている製品やサービスを通じた理解が多く、自社を取り巻く大きな市場環境の変化や、そこから考えられる顧客の潜在的需要などにまで、理解が及んでいないことも多い。

右肩上がりの経済成長時代であれば消費者のニーズも顕在化しており、こうした営業組織でも成立していた。顧客のニーズが明確であり、品質のよい製品を製造すればよかった時代だ。一定の販売促進活動をすれば商品やサービスは自然と売れていった。

日本の営業部門はどこかでまだ、その時代を引きずっているように見える。

だが時代は変わっており、営業組織にも改革が必要だ。もし自社の営業組織が、〝モノ売り〟に徹しているセールスパーソンの集合体であるなら、時代に即した変化をしていかねばならない。

顧客とともに価値を創造するマーケティングへの転換

今の時代に求められるのは、顧客とともに価値を創造するマーケティングである。アメリカの経営学者であるフィリップ・コトラーは「マーケティング5・0」として、ビッグデータやＡＩなどといった最新のＩＴ技術を駆使し、顧客の体験をより高めていくことが必要だと説いている（図表17）。

現在は様々な商品が通信機能を持っており、インターネット経由で商品を介して、顧客がどのような機能を使っているかということも、リアルタイムに把握することができる。小売りなどのサービス産業であっても、スマホでの顧客ＩＤ登録などがされれば、商品の販売と顧客の属性、過去からの購買履歴など、様々な情報の分析が可能だ。

市場環境の変化は顧客の価値観を、顧客体験を重視する形に変化させた。

消費者はハードウェアの購入を通して、そこから得られる顧客体験を欲している。例えば製造業ならば、工作機械そのものが欲しいのではなく、「生産革新の実現」を欲している。工作の前後の工程、工作機械の検査装置も含めた工程内での生産革新を実現したいと思っている。建設会社や土木の施工会社なら、建設機械の購入により「安全に工期通りに工事を終わらせたい」と考えているだろうし、一般消費者がゲームを購入する際にはゲー

図表17　コトラーが提唱するマーケティング1.0から5.0まで

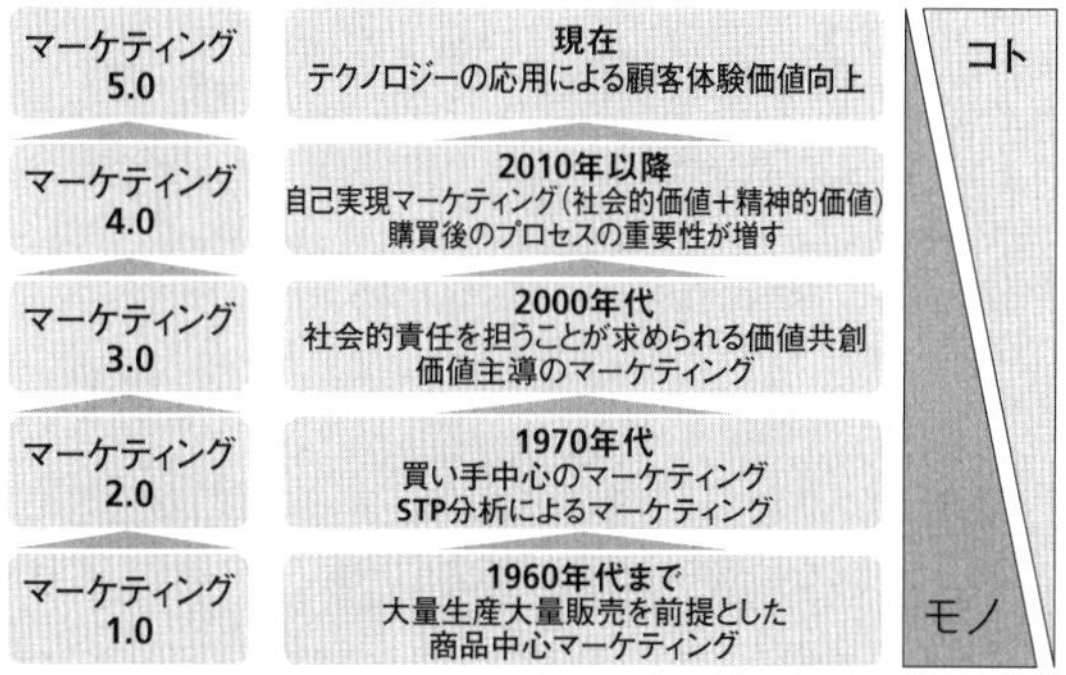

出所：コトラー学説に基づき筆者が独自に作成

ム機そのものよりも「よりリアルなゲーム体験が欲しい」と感じている。

こうした顧客の変化に対して、営業組織はどう変革していくべきだろうか？

本章ではＢｔｏＢの企業とＢｔｏＣの企業に分けて、先行事例を紹介したい。

ＢｔｏＢの先行事例として挙げる日立製作所と横河電機は、顧客の変化に向き合うためにマーケティングの組織自体を再編した例と言える。

ＢｔｏＣの先行事例として紹介する味の素冷凍食品とサントリーは、より消費者に寄り添うマーケティング手法を模索した事例だ。

【事例】日立製作所：顧客の業種別に組織を再編成

製品別のカンパニー制を廃止

第3章で紹介した日立製作所は、社会インフラ事業を核とする、日本を代表するメーカーの一つだ。同社は時代と共に業態を大きく変化させており、社内の組織もそれに応じて再編を重ねている。

前述した通り、同社は2009年3月期に7873億円の巨額の赤字を出し、09年4月に新社長が就任後、社会イノベーションを中心とした事業に大きく絞り込みを図り、V字回復を果たした。その後の16年度には、自社の製品を軸にした製品別のカンパニー制から、顧客の業種別の区分けへと組織を再編成している（**図表18**／現在は同図下段のように再編）。具体的には、業種営業軸として12のビジネスに組織を編成し、それらをさらに、電力・エネルギー、産業・水、アーバン、金融・公共・ヘルスケアの4つの業種グループに振り分けた。一般に「水」は電力やエネルギーと並ぶインフラ産業と思われるかもしれないが、日立が手掛けるそれは産業用のものである。そのため組織編成上は産業と同じグループに入る。まず顧客を理解することが大事だと組織の形で示し、自社の製品を起点にし

図表18　日立製作所の事業体制

※BU：ビジネスユニットの略

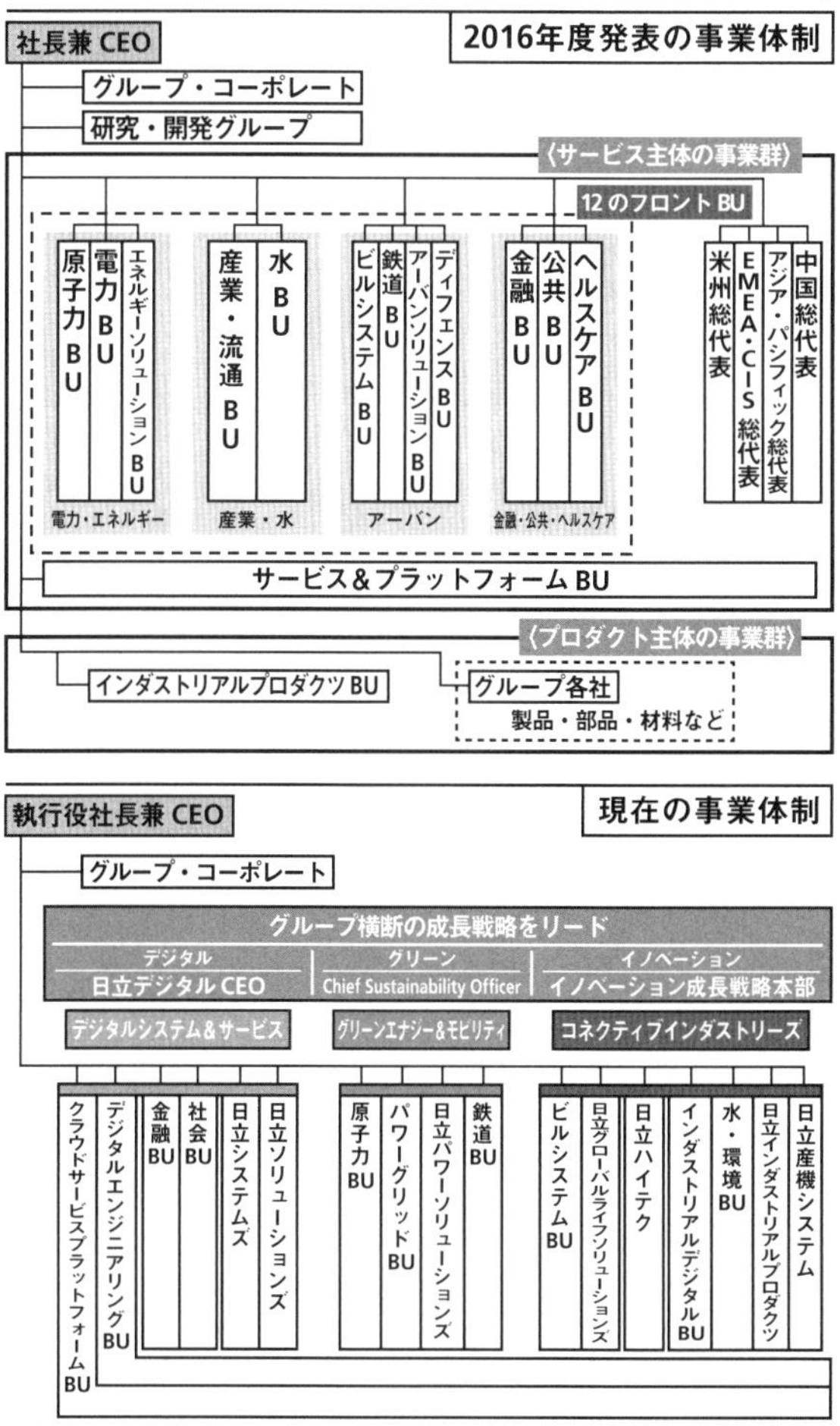

出所：日立製作所ニュースリリース（2016年・2024年）をもとに筆者が作成

た顧客アプローチから顧客理解を第一に考えた設計に、組織ごと作り変えたのである。

本書第3章のマスカスタマイゼーション事例として取り上げた同社のIoTプラットフォーム事業「Lumada」（ルマーダ）も、組織改革の上で推進されている事業だ。同社は「Lumada」事業を支えるため、社内の情報・技術を集約する組織を整えた。サービス&プラットフォームビジネスユニットと呼ばれる部門で、同社内の各部門に分散していたAI（人工知能）、アナリティクス、セキュリティ、ロボティクス、制御技術をはじめとした高度なサービスを提供するテクノロジーを、統合・集約する役割を担っている。この組織の下支えにより「Lumada」事業は推進されている。

横断的なマーケティングと心理的障壁を下げる組織

同社は販売促進の体制も変化させた。「Lumada」を軸に各種ビジネスユニットを横断して販売促進を行う「Lumada CoE」という組織を新設したのだ。「Lumada CoE」はビジネスユニットを跨ぐ販促提案のハブ的役割、横串の存在である。

顧客が抱える問題解決のため「Lumada CoE」は社内のいくつかのビジネスユニットの商品を組み合わせ、提案を行っていく。例えばスマートシティやデジタルSCM（サプライチェーン・マネジメント）、カーボンニュートラルなど、今や、ビジネスを行う上で業種横断的な取り組みが必要なテーマは数多くある。同社では、各セクターのビジネスユニットが顧客と各種業種横断的な議論を行いながら、ビジョンの共有を図っているという。

更に同社では22年4月に、デジタルマーケティング統括本部という部門を新設している。この組織は、①従来の業種別アカウント営業機能に加えて、デジタル市場に対するマーケティング機能を強化する、②マーケット起点で日立のアセットを最大限活用するとともに、パートナー連携を深化させる、という2つの目的のために作られた。目的実現のために同統括本部は、（a）社会・市場からの視座で潜在市場・顧客の特定、（b）潜在市場・顧客に対しての日立の新たなValue Propositionの構築（c）顧客／パートナー協創も含めたValue Chain、エコシステムの構築を進めている。

同統括本部による具体的な事例としては、日立製作所とグローバルロジックジャパン株式会社が共同で行った、株式会社ノジマのDX戦略の実行・具現化に向けたプロジェクト（22年6月～）がある。このプロジェクトではノジマが取り組む、リアル店舗のデジタル化や国内デジタル家電専門店で唯一のコンサルティングセールスに、グローバルロジックの知見と技術をかけ合わせ、新たな顧客体験を生み出している。

また、より顧客に寄り添ったDXを推進するため、同社では長期的に営業的活動を行う組織と、具体的な提案をするSE的活動を行う組織を分けている。

まず、DXコーディネーターと呼ばれるコンサルティング役のチームが顧客を担当し、営業活動を行う。この組織はあくまでも長期での顧客との関係性強化が目的だ。顧客側の「何がしたいか」が明確になっていない状態でも同社に相談しやすくなるよう、心理的障壁を下げる役割と言える。このチームでは、顧客とともに向き合うべき課題やテーマを探っていく。

それらが実際の案件として見えてきた段階で、具体的な提案を担うDXビジネスプロデューースチームに情報が引き継がれる。その後、プロジェクト着手となると、DXビジネスプロデューースチームは次の案件の種となる情報をDXコーディネーターに伝える。

こうした役割分担（あるいは機能分化）により、同社では、何がしたいか明確ではない顧客とも長期目線で関係性を保ち、並走をしていける体制を整えている。

改革の成果

ビジネスモデルが変われば、顧客との関係性も変わる。日立製作所では顧客の経営課題を共に考え価値を作っていく関係性を〝協創〟と呼び、自社と顧客、パートナー企業が協調して、互いの個性、強みを生かしながら価値創造をすることを目指している。自社内でも協創を広く実現するために、前線となる営業の変革を推進し、全社員にDXのeラーニングを実施し基礎的知識の浸透を図っている。人材育成の施策としては、「Lumada CoE」にて、各セクター内ビジネスユニットから優秀な人材を受け入れ、1年間、事業開発の実地研修を行っている。

日立製作所は組織全体を改革し、営業部門の役割を大きく変化させ、社内の人材教育の仕組みも整えた。これらの成果は確実に数字に表れている。

改革を進めた09年度から21年度までの期間は、顧客軸での経営体制の推進と同時に、事業の取捨選択、稼ぐ力の強化、そのための人、もの、金、情報、ドメインナレッジ（顧客の業種固有の課題に関する知識）などの経営資源を集約することで、顧客に対する課題解決力を高めた。その結果、23年度の「Lumada」事業収益は、2兆3340億円、24年度は、2兆6500億円となる予想となっている（**図表19**）。「Lumada」事業の全社の売上収益にしめる比率は22年度が26％、23年度が27％、24年度は、29％となる見込みだ（**図表20**）。

図表19　Lumada事業の収益成長

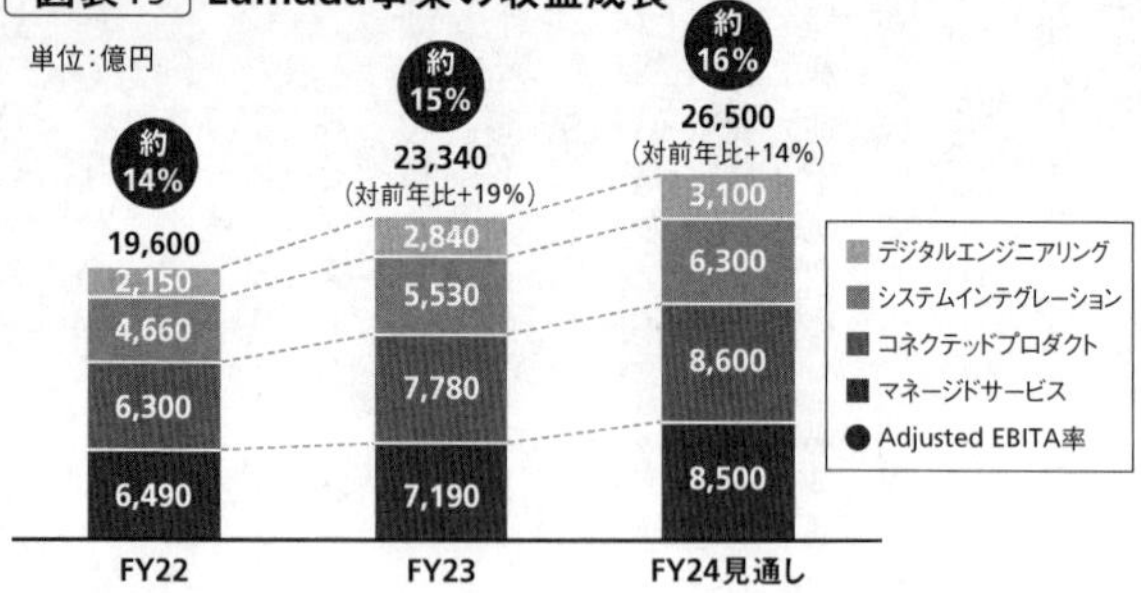

※FY：会計年度・事業年度
※Adjusted EBITA 率：調整後営業利益から買収に伴う無形資産等の償却費を足し戻し、持分法損益を加算して算出した指標。

出所：日立製作所「2024年3月期 連結決算の概要（2023年度）」をもとに筆者が作成

図表20　全社の売上収益に対するLumada事業収益の比率

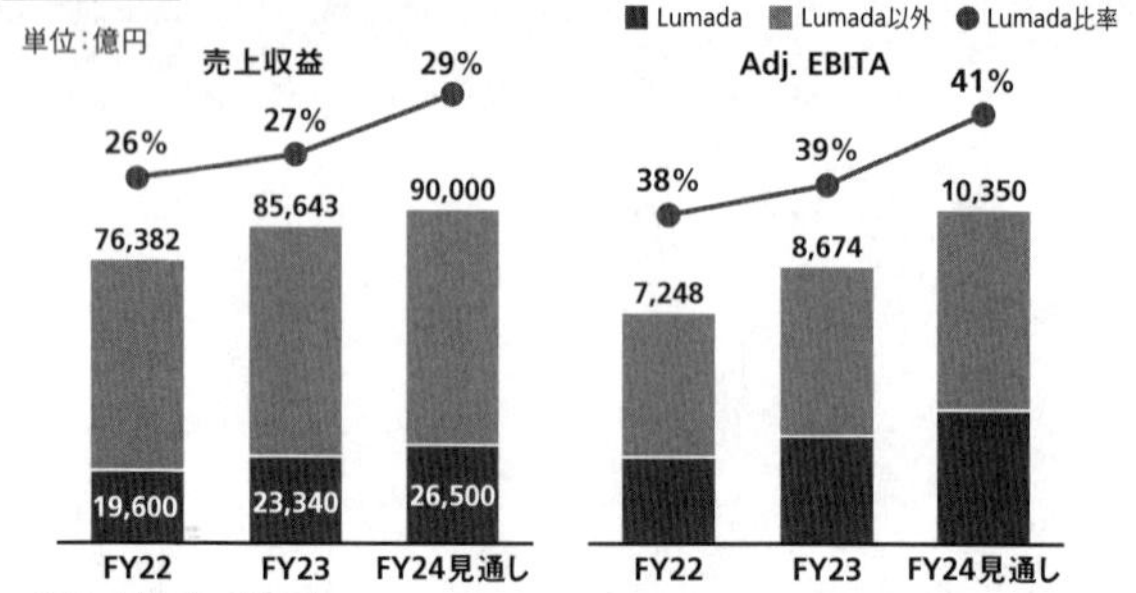

※FY：会計年度・事業年度
※Adj. EBITA：調整後営業利益から買収に伴う無形資産等の償却費を足し戻し、持分法損益を加算して算出した指標。

出所：日立製作所「2024年3月期 連結決算の概要（2023年度）」をもとに筆者が作成

こうした好業績が実現できているのは、セクターもしくはそのなかのビジネスユニットで得た顧客業種軸での、人、もの、金、情報などの経営資源が「Lumada」事業を起点として集約された結果であろう。同社の様々なビジネスが、データを軸とし継続的に収益をあげるモデルへ転換できていることの証と言える。

【事例】横河電機：縦割り組織から脱しマーケティングと研究開発を融合

マーケティングが担う5つの役割

横河電機株式会社は石油化学プラントなどに、制御システム、計測機器などを製造、販売している会社だ。ライバルにはＡＢＢ、エマソンやハネウェルなど欧米大手が名を連ねる。日本メーカーとしては唯一グローバルな市場で、工場やプラント向けの制御システムで戦えているメーカーである。

同社では２０１６年４月に、インテル株式会社の副社長であった人物がマーケティング本部長に就任し、マーケティング機能の大改革が行われた。この改革がすごいのだ。

それまでの同社の問題点は、組織の縦割りが進んでいたことだった。組織間の壁が高いため、顧客の変化に対応することができていなかったのだ。そこで顧客の変化に有機的に対応するために、マーケティングと研究開発の組織を融合し、新たなるアイデアの提案と検証が進められる組織へと再編成した。市場環境の変化に合わせて、社内のリソースを組み合わせることで、顧客体験価値を高めるのが狙いだ。

この改革ではマーケティングの定義を「戦略」と「インベストメントセンター」（将来に向けた投資を行う部門）と定め、マーケティングの役割を、①顧客との価値共創、②ルールメイキング、③非財務資産の向上（ブランドと知的財産）、④インターナルコミュニケーション（社内広報活動）、⑤営業・マーケティングのDXと定めている。

以下、詳しく見ていこう。

① 顧客との価値共創

同社ではマーケティング本部内に研究開発機能を取りこみ、常に新しいビジネスチャンスを探索し、次世代のビジネスを育てている。研究開発部門であるイノベーションセンターのミッションを「お客様を含めた社内外と複数の組織をお互いに絡め合い（共創して）お客様の価値創造に貢献する」と定め、顧客体験の創造こそマーケティング本部の役割と考えている。さらに社内開発のスピード向上のために、「何を自社で開発し、何を外に求めるか」を明確に定め、それに基づき、積極的に社外の優秀な企業、スタートアップ、アカデミア（大学やコンソーシアア）との協業のための働きかけを行っている。

② ルールメイキング

同社は提供価値を政府や官公庁、関連団体に正しく伝えることに力を入れており、そのためのルールメイキング（業界内外のルール作り）に積極的に取り組んでいる。たとえば同社は17年5月、持続可能な発展のための世界経済人会議（WBCSD／The World Business Council for Sustainable Development）に参加している。この組織は、持続可能な社会の実現のために各国の経済界トップが集う会議であり、同社もエネルギーの課題を解決するための新たなるソリューションの提案に取り組んでいる。

こうした取り組みを進めるにあたり、横河電機では「モノづくり」の定義を見直している。そもそも「モノづくり」の定義が日本と他国では違い、日本では「モノづくり」とは、よい製品を作ることを指す。一方で、欧州や中国における「モノづくり」とは、「ルールメイキング」までを含む。製品を作るだけでなく、それに関するルールを作っていく。

「三流はモノを作り、二流は技術を作り、一流はルールを作る」という考え方もある。同社も、ルールを作ることが最も大事なことと考えている。

③ 非財務資産の向上（ブランドと知的財産）

同社では、社員の30％にあたる5000人が参加して、パーパス（存在意義）を策定、21年5月に「測る力とつなぐ力で、地球の未来に責任を果たす。」として発表した。こうした方向性を実現していくために同社のイノベーションセンターは、シナリオプランニングの手法を使って策定した未来シナリオから選定した活動領域、「バイオ」「エネルギー」「マテリアル」について世界から様々な参加者を招き、ワークショップを開催することでアイデアを創出している。

更に同社には、「未来共創イニシアチブ」というミレニアル世代を中心に構成された社長直轄の組織があり、シナリオプランニングによる2035年の未来シナリオを策定している。本シナリオを活用し、早稲田大学とともに産官学融合のラーニングコミュニティを設立するなど、幅広いネットワークを構築し2035年の未来を描き出す。それらのシナリオを経営陣、事業トップと共有し、自社の対応力の強化や次世代リーダー育成につなげている。

同社はこうした、活動を積極的に社内外に発信することにより、自社のブランド価値を向上させている。コーポレートガバナンスに基づき、ブランド、知的財産、人的資本などの無形資産によって価値を創造し、顧客のビジネス成長に貢献しようとしているのである。知財戦略については、競争力の源泉となる知財の量と質のさらなる向上を目指しており、ブランドにおいては科学的（定量的）なブランド強度分析による価値向上を目指している。

④ インターナルコミュニケーション（社内広報活動）

同社は、社員も重要なステークホルダーだと考えている。組織内で、目指している戦略、進捗状況を開示し、組織として抱える課題を共有することが大事と考えているのだ。具体的には、16年度からパートナーサーベイと呼ばれる調査を行い、マーケティング本部が社内の他部門からどのように評価されているか、評価を取りまとめている。その結果は全社員に公開されており、マーケティング本部の変革が会社の変革につながっていると他部門から評価を受けている。今ではこのパートナーサーベイはマーケティング本部だけではなく、ほかの部門に対しても行われており、組織改革の一端を任っている。

⑤ 営業・マーケティングのDX

同社では、BtoB企業も「顧客を見つける」から「見つけてもらう」へシフトする必要があると考え、マーケティングのDX化に取り組み、社内にMA（マーケティングオートメーション）を活用したDCC（デマンド・クリエイション・センター）を構築した。マーケティングオートメーションとは、マーケティング業務をIT技術で自動化することにより、業務の効率化を行い、生産性を高めるものだ。また、デマンド・クリエイションとは、需要創造を行うことである。

並行して、営業のデジタル化のためにインバウンド・セールス（顧客からの問い合わせを一次受けする営業活動）をマーケティング本部傘下に立ち上げ、インサイドセールス（見込み顧客への非対面の営業活動）も開始し、対象エリアの拡大を急いでいる。

コロナにより、顧客はより一層、デジタルでの情報収集を進めるようになった。こうした流れは不可逆なものであり、営業・マーケティングにおけるDXを急速に進めることが必要であると同社は考えている。

横河電機が抜本的な改革に取り組んだ要因の一つに、同社の顧客である石油化学業界の変化が挙げられる。

同社は石油化学業界に多くの顧客を抱えているが、この業界は今、カーボンニュートラル（温室効果ガス排出量をゼロにする）という世界的な動きの真っただ中にあり、ビジネスの変革を求められている。同社もこれに危機感を抱き、ビジネスモデルの刷新や、新しい事業開発に挑んだのだ。マーケティング部門の改革もその一環であり、着実に成果を上げていると言えよう。

【事例】味の素冷凍食品：マーケティングに物語を取り入れる

顧客が主役のナラティブマーケティング

次に、ＢｔｏＣの事例を紹介しよう。

味の素の餃子を食べたことがある、という読者の方は多いだろう。私も同社の餃子の大ファンであり、いとも簡単に羽根つき餃子ができることに感動した一人だ。

味の素冷凍食品株式会社は、自社と消費者を物語でつなぎ、両者をともに共感、共鳴しながら需要を創造していく関係性に位置付けるマーケティングを取り入れている。これはナラティブマーケティングと呼ばれ、顧客を主役とした物語（ナラティブ）を構成することにより、顧客の心理に訴えかけることで、需要を創造する。

そもそも、なぜ、味の素冷食がこのような活動に至ったのか？　筆者は以前、同社の常務執行役員でマーケティング本部の戦略統括を行う伏見和孝氏にインタビューを行ったことがある。きっかけは味の素が始めたＡＳＶという考え方にあるという。ＡＳＶはAjinomoto Group Creating Shared Value の略で、「社会課題を解決し、社会とともに価値を共創する」という考え方だ。これをよりどころに、味の素冷食として何ができるかを考えたという。

２０１９年、味の素冷食でマーケティングを牽引していた下保寛専務（当時／現在は味の素フーズ・ノースアメリカ社社長）は顧客に対して、最初に冷凍食品を正しく理解をしてもらおうとした。冷凍食品には調理時間を短くできるなどの便利な面も多いのだが、栄養価値が低い、手抜き、などのネガティブな印象も強くあった。このようなネガティブな印象を払拭し、その便利さとともに、冷凍食品を正しく理解してもらうことが必要であると考え、具体的な手法として、味の素冷食を主語とするのではなく顧客を主語としたストーリーを構築しようと考えたのである。

まず「料理は〝手作り〟からスマートで現代的な、〝賢い選択〟に移行する時代である」

という対立構造を作り、同社が提案する〝賢い選択〟に対して、消費者の間に共感者を増やしていくことに努めた。〝手抜き〟ではなく、〝手間抜き〟することで、家族のための時間を創造することができる、というスマートで現代的な〝賢い選択〟により、餃子の需要を創造するための議論を開始した。

広報担当者のツイートが話題に

そうした最中、20年8月、ツイッターに育児中の女性から、夕食に冷凍餃子を調理して出したところ、夫から「手抜き」といわれたというツイートがあり、味の素冷食の公式ツイッターが即座に反応。自身も母親である同社の広報担当の女性社員が『冷凍餃子を使うことは「手抜き」ではなく「手〝間〟抜き」』と投稿した。

自社の冷凍餃子は「大きな台所」である工場で、消費者に代わって原料を吟味され、多くの〝手間〟暇をかけて丁寧に作られている。そのことに広報担当の女性社員が自信と誇りを持っていたことも、即座の投稿へとつながった。日頃より社内で「栄養価も高い冷凍餃子を使うことで、料理の「手間」暇をかけずに家族の時間を創出してほしい」という会話を行っていたことも大きく寄与しているだろう。このツイートには、〝44万いいね〟がつき、大きな反響を呼んだのである（ご記憶にある読者の方も多いであろう）。消費者が持つ固定概念を払拭し、自社商品のよさを正しく消費者に伝えようという考え方が社内に浸透していたことの賜物と言えよう。

他の生産工場でもモチベーションが向上

同社はその後、消費者に代わり如何に手間をかけているか正しく理解してもらうために、動画を制作した。144に及ぶ餃子を作る工程を、限られた時間のなかで分かりやすく丁寧に説明をした動画だ。手作業でキャベツをカットし、具材をこね、薄い皮へ具材を包み込み、皮の弾力を高めるため蒸し上げる。その工程一つ一つが丁寧に語られている。20年10月に1分15秒の動画がアップされ、直後に大きな反響を呼び、90万回近くの再生があったという。工場の従業員一人ひとりが担う、その手間の一つ一つが丁寧に語られている動画の最後には、「最後の仕上げは、あなたのフライパンで。」というメッセージが提示され、味の素冷食から消費者への共同作業であることを強く印象付ける。視聴した消費者は、企業と自分との間に、売り手と買い手という構造ではない関係性を感じるだろう。

この動画によっても冷凍食品の固定概念は払拭され、栄養価の高い冷凍食品を選ぶ、手間抜きの合理性を広めることとなった。

更にこうした活動は、味の素冷食の従業員のモチベーション向上と繋がっていった。撮影を行った関東工場のみならず、他の生産現場でもモチベーションは向上し、営業の現場においても、動画が広まると同時に、その価値を流通現場などに正しく理解をしてもらおうという動きに繋がっていったのである。

【事例】サントリー：流通業界を巻き込んだ改革に成功

価格訴求から生活提案へ

サントリー株式会社は、サントリーホールディングス傘下の酒類製造販売会社だ。ビール、ウイスキー、チューハイ、ジン、ワインなどの生産から、マーケティングおよび販売までを一貫して行っている。

同社はかねてより、流通及び消費者の価格に関する感度の高まりを把握していたが、それに対応するだけでは業界全体の発展に繋がらないと考えていた。たとえよい商品を先行して出しても、すぐに類似製品が発売されて同質化競争に陥ってしまうからだ。

そこから脱するため、商品だけでなく生活提案も顧客に届ける必要があると考えた同社は、営業組織の在り方を大きく変革。消費者を主語にしたマーケティング・営業活動を行うことを決めた。

まず2016年から、サントリー（当時の社名はサントリー酒類）にて改革プロジェクトを開始した。当初は8人でスタートしたという。主役である消費者に対して〝適切なタイミングで、〝適切な〟売り場で、〝適切な〟商品を、〝適切な〟価格で提供し、需要の活性化を行う方法の提案を行った。また、買い物をする消費者の気持ちや動きを理解し適時適切な仕掛けを行うショッパーマーケティングと呼ばれる手法を推進した。

最初に対象としたのは主要な流通企業などだ。当時はドラッグストアの台頭などにより厳しい競争環境にあり、流通業界は特に強い危機感と変革意識を持っていた。同社はまず流通業界を中心に、消費者のデータを活用し食卓に関する生活提案を行う施策を提案し、徐々にだが受け入れてもらえるようになった。

その後、社内に営業推進本部リテールＡＩ推進チームを立ち上げ、データを用いた流通業界への提案を展開していった。

現在、リテールＡＩ推進チームは、サントリーの広域営業本部と営業推進本部の下に設置され、広域営業本部が流通企業と協働して消費者への提案を行っている。このチームでは、食品スーパー、ドラッグストア、コンビニエンスストア、総合スーパーなどの各業態に対して、それぞれの強み弱みを押さえ、如何に強みを引き出した形でより消費者に訴求できるかを提案している。これは顧客の買い物体験の向上を実現し、ファンを増やしていくのが狙いだ。こうした活動によって、在庫の適正化やオペレーションの省力化により、コストダウンも可能になる。これらを実現するためには、メーカーと流通業界との間をシームレスにつなげたデータ分析が必須であり、顧客の購買行動の可視化などのために、AIやデジタルツールが活用されている（図表21）。

ハイボールと唐揚げ

同社の具体的な取り組みとして、顧客起点で品揃えの提案を行った九州のディスカウントストアの事例を取り上げたい。ここでは、サントリーのハイボールと唐揚げを組み合わせた実験を行った。

実験では、レジカートに唐揚げを入れた顧客に対して、その場でハイボールを安く買えるクーポンの配信を行った。すると配信をしない場合と比較して、ハイボールを買う人の

図表21 テクノロジー活用による新しい買い物体験イメージ

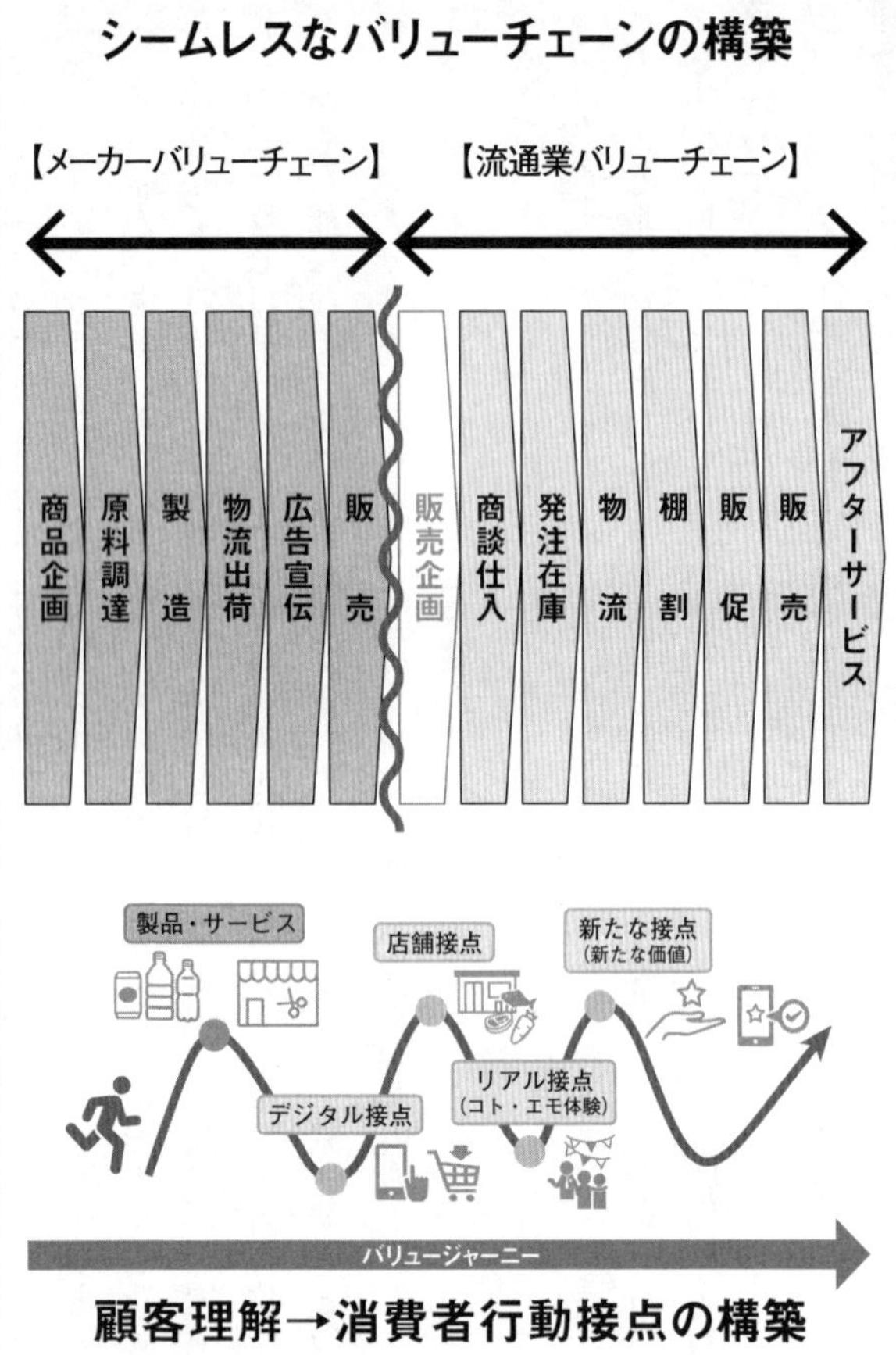

出所:サントリー株式会社提供資料をもとに筆者が作成

確率は最大で6倍にまで向上した。顧客の購買タイミングで、相性のよい商品をレコメンドすることにより、大きな効果が上がることが分かったのだ。

また、店舗内のカメラから画像情報を取り、これを解析、顧客の購買行動をデータ化することにより、飲酒量や購買傾向から、顧客をロイヤル、ミドル、ライトユーザーなどに分類している。商品を選んで酒売場を出るまでの時間は、ヘビーユーザーは8秒、ライトユーザーは多数の銘柄から選ぶ傾向があり45秒と、大きく異なる。顧客によって、所要時間も購買行動も大きく異なることが分かった。

また棚割りの方針を変える必要性を感じさせるデータも得ることができた。従来、ABC分析で売上高が上位の商品から売り場に陳列するのだが、顧客軸でデータを見ると、Cランクの商品のなかに、ロイヤルユーザーがよく買うアイテムが含まれていたのだ。商品の売れ行きだけで品揃えを決めると、ロイヤルユーザーにとって買う商品がないことから、いずれお店離れをしてしまう可能性がある。単に売上高のみならず、顧客の購買行動もかけ合わせることで、品揃えを考え、売り場を作ることが必要だろう。

こうした活動を通じて、自社本位の売上高、利益重視に基づいた商品や、ブランドを中心としたプロダクトアウトの考え方だけでは、顧客には通用しないことが分かってきた。

顧客の行動を常に意識し、顧客にとっての購買体験を中心に考え、売り場を流通企業とともに創造していく。そのことにより、魅力的な買い物体験を提案していくことが大事であると再認識するようになったのである。

AIカメラとPOSデータを掛け合わせる

さらにもう1つ、サントリーが手掛けた事例を述べたい。

郊外型大型スーパーなどを運営するトライアルカンパニーという企業があるのだが、その小売店舗の一つであるスーパーセンタートライアル長沼店（千葉県）では、AIカメラを各所に設置し、店舗のデジタル化をしている。

トライアルカンパニーは20年7月より、サントリーを含む複数の飲料、食品メーカーが参画した共同プロジェクト、REAIL（リアイル）に参加。流通業界でのAI普及を目指した取り組みを行っている。この活動を通じ、AIカメラから取得したデータとID-POSデータを分析するシステム「Suntory—Link」を開発し、顧客別の来店頻度や売場棚の商品充足率を時系列で分析可能にした。その結果、「商品の充足率が週内に何度も0％になるなら商品の陳列数を増やす」などのアクションを取れるようになった。カメラでの画像分析により、店頭の商品陳列の検証も行うことができるという。

サントリーは、このように変革マインドが強く、デジタルの取り組みに対して意欲的で成長力がある流通企業を中心に、重点的に施策展開をしていった。そして、流通企業のトップとの信頼関係を作り、消費者に対する食卓等の生活提案をしていくことで、価格訴求ではない新しい売り方を広めている。

サントリーの営業スタッフの意識も徐々に変革されており、現在は営業スタッフであるマーチャンダイザー（ＭＤ）の育成や、データ分析などの普及に取り組んでいるという。なお、こうしたＩＤ-ＰＯＳなどのデータ分析や、専門性の高い人材育成は、サントリーホールディングスのデジタル本部が伴走しながら支援をしている。これらの活動は、サントリーホールディングス傘下のグループ企業へも展開し、グループ全体での知の共有がなされている。

御用聞き営業から抜け出そう

マーケティング組織の在り方を見直す際、ＢｔｏＢの企業であれば、組織の構えを顧客の業種別に分けるということも一つの方法だ。本章で紹介した日立製作所がその好例だろう。顧客の業種別に自社の組織を変える場合、業界の垣根は常に壊れていることを理解し、垣根と変化をいかに捉えていくかという視点が必要となる。

自社だけでなく、顧客を取り巻く業界や環境の変化、業際（業種や業界の境目）で起こっている変化を常に捉えていくことが大事だ。それらを踏まえて、どのようなことに顧客が取り組むべきかという議論を、顧客に先んじて仕掛けていく。本章で紹介した横河電機は、顧客を取り巻く環境の変化、顧客の危機意識を共有し、自社のマーケティング部門を改革した。

ＢｔｏＣの企業であれば、マーケティング手法の見直しをして顧客との関係性を変えていくやり方がある。味の素冷食は、売り手と買い手という関係性から、顧客を中心とした物語をつくっていくことで、ともに価値を創造することに成功している。

ＢｔｏＢと違いＢｔｏＣの企業には、直接的な顧客と最終的な顧客がある。食品や飲料の会社であれば直接的な顧客に流通があり、最終的な顧客として消費者がいる。それらの変化をどう捉え、リードできるかという点も重要だ。消費者の嗜好は大きく変化しているが、同様に流通業界にも変化の波は押し寄せている。こうした状況において大事なことは、消費者だけでなく、流通環境の変化も理解した上で各社に接することであろう。

本章で紹介したサントリーの実例は、多くの示唆に富んでいる。商品の直販を行っているメーカーもあるが、多くの場合、流通を経由する量のほうが圧倒的に多い。消費者はネットメディアなどで情報収集し、影響を受けた状態で店頭に行く。もちろん商品パッケージが消費者に及ぼす影響も大きいが、店頭でいかに買いやすい状態になっているか、消費者の嗜好に訴求する売り場が作られているかがポイントになる。

こうした活動は、対象となる顧客を選ぶことにもつながる。商品の作り手は、価格ではなく、消費者の変化に応じた訴求ができる流通企業をパートナーとして選んでいくべきだ。そうしないと、常に価格訴求だけに走る御用聞き営業からは抜けられず、自社の営業部隊も成長しない。

本章で紹介した事例では、いずれもデジタル技術が活用されている。デジタル技術により、以前よりもかなりの精度で顧客理解を高めることができるようになった。マーケティング部門も積極的にデジタル技術を駆使し、顧客の理解を深めることで、顧客とともに価値を創造できる体制へと転換できるはずだ。

第5章　生き残るためにどう変わるべきか？

営業担当者不要といわれる時代

営業担当者はいらないという「営業不要論」がある。本書でも繰り返し触れたが、ネットメディアが発達し情報へのアクセスが簡単になったため、顧客は購入前に、わざわざ営業担当者に連絡する必要がなくなったのだ。欲しいものがわかっていれば（営業担当者は介さずに）ネット購買すればいい。また、それ以前の「何が必要か、顧客自身がわかっていない」段階では、これまでの「欲しいものは何ですか？」という御用聞き営業は意味をなさない。

実際、営業担当者の数は減少している。総務省の調査によると、２００１年の９６８万人をピークにその後営業担当者の数は減少傾向にあり、２０２３年には８１１万人まで減少している（**図表22**）。

営業担当者減少の要因としては、（団塊世代の定年による労働者数の自然減少はあるものの）インターネットの普及のほか、複雑な卸構造が見直されたことなどによる流通構造の革新、また大型のチェーン店の登場で市場の合理化が進んだことが大きい。

しかしながら、営業担当者は市場、顧客と企業の接点という大事な役割を持っていることも確かだ。変化が早い時代だからこそ、市場との接点の機能を再構築しなければならな

図表22　販売従事者人口推移(単位:万人)

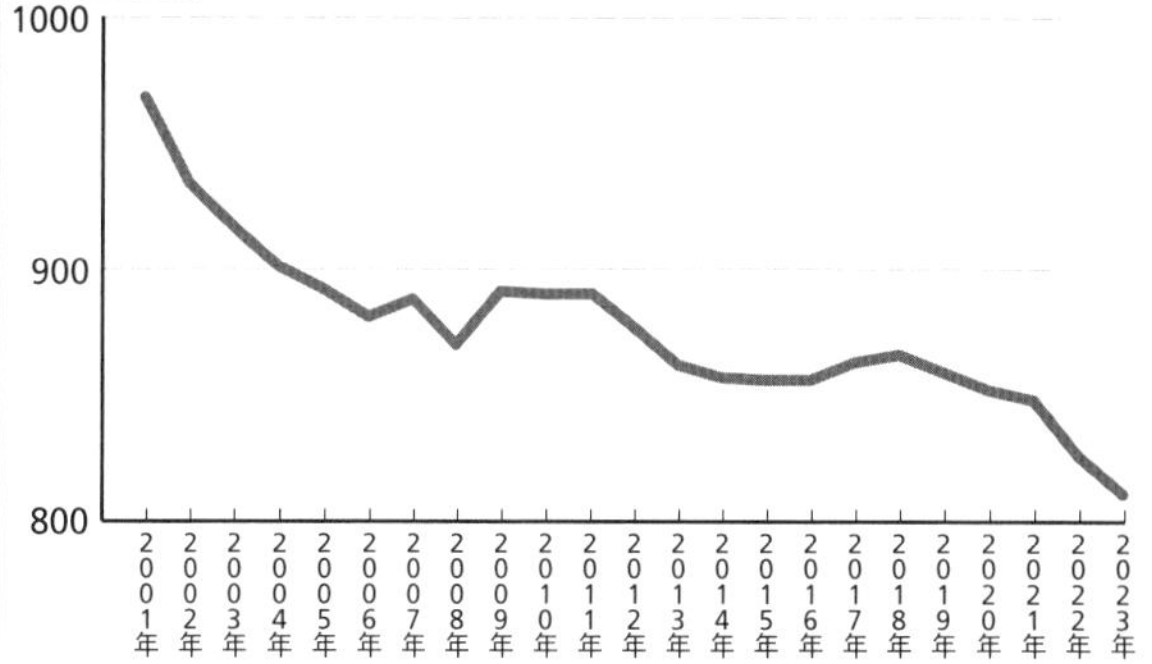

出所:総務省統計局「労働力調査」をもとに筆者が作成。
2009年以降の数字は同調査職業別就業者数2009年12月改定分類による

い。

　顧客が何を求めているのか、明確になっていない先が読めない時代だから、売り手と買い手の関係から、顧客とともに価値を創造するプロセスに転換していくべきだろう。そのためには、顧客・市場との関係性の見直しや、会社組織の抜本的な作り直しが必要になる。

日本の人材投資額は突出して低い

　筆者が考えるに、企業が根本的に改めるべきは、非財務指標・無形資産に対する考え方である。

　非財務指標には、自然資本・社会関係資本・人的資本・知的資本・製造資本がある。なかでも人的資本への考え方を改め、積極的に投資していくことが必要だ。

無形資産には、暖簾代や特許権などのように財務諸表に表れるもの、ブランド価値などのように財務諸表に表れないものがある。この無形資産を如何に高めるかということが、日本企業は弱い。イノベーションを創出する技術開発、知財（それらに携わる人材）などは無形資産の代表的なものである。こうしたものへの投資が日本企業は十分ではない。

ここで、人的資本への投資について、日本と海外を比較して述べたい。まず、日本の立ち位置だ。**図表23**は、人材への投資をGDPに対する比率で表したものである。

この図を見て、分かるように、日本の人材投資額は突出して低い。アメリカが対GDP比で、2・08％投資しているのに対して、日本は、たったの0・1％だ。20分の1である。フランスと比較しても、17・8分の1、英国と比較しても10分の1である。これを見て、違和感を覚える方も多いのではないだろうか。「日本は終身雇用だから人を大事にする国だ。人には投資をしているはずだ」と思われることも多いだろう。しかしながら、それは現実とは異なる。

社員と会社が「選び選ばれる関係」の海外

まず日本では、新卒一括採用をし、終身雇用するのが前提だ。近年は転職が増え揺らぎ

図表23　各国人材投資額の対GDP比(2010年から14年の平均)

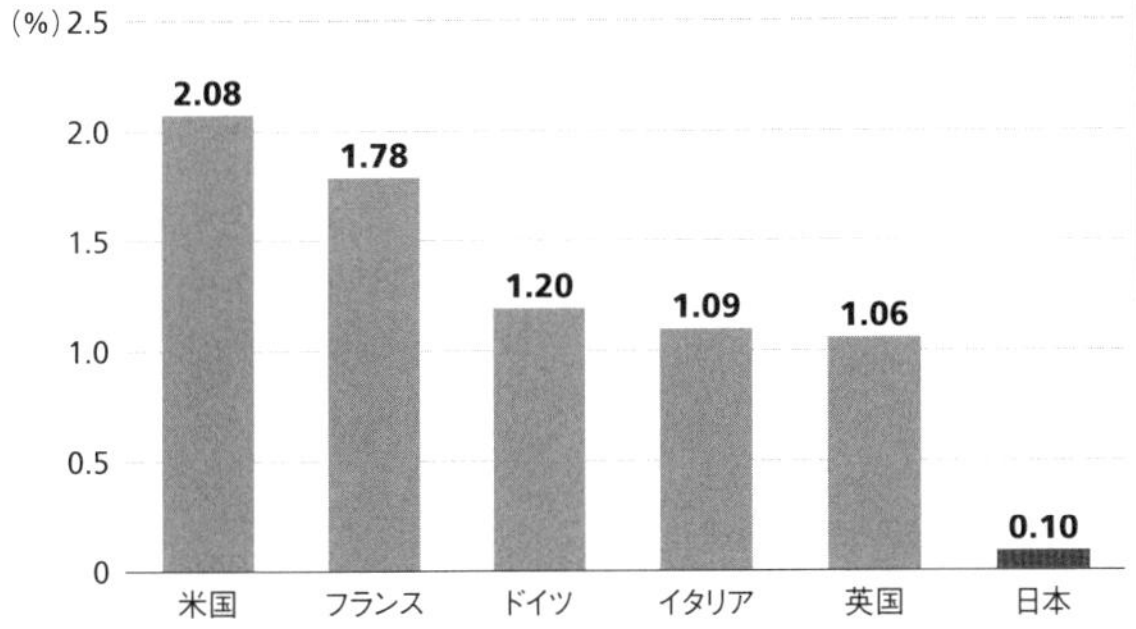

出所:内閣府資料(2010年から14年の平均値)より野村総合研究所が作成

つつあるが、多くの企業ではまだ終身雇用の意識が高い。途中で勤務地が変化する異動・転勤もありうるが、社員は会社の言うことを聞くのが前提であり、社員に対する教育は、部長や課長になったときに行われる。多くは、選ばれた後に行われる研修となる。

一方、海外では通年雇用が常であり、社員は通年で中途・新卒にかかわらず入社してくる。企業と社員は平等の関係性にあり、社員は常に流動する。社員たちは、世間ではどのような技術・知識が求められているかに関心があり、自分の市場価値を高める自己投資を行う。就職に際しても、そのような教育研修プログラムがある会社しか選ばない。そして、それらを積極的に社員は受けていく。また企業側にとっても、これらの研修は、どの社員に一層の機会を与えるかを選ぶ機会という側面がある。社員は常に、より高い成長機会を得るために必死で学ぶし、企業も優秀な人材に向けてより一層、高い教育機会を与える。

こうした日本と海外の違いを、社員の視点で見てみよう。日本は、一度就職したら、その会社に一生勤めるため、自分で自分のキャリアを考えなくてもよい。職を失うこともない。そのため、与えられた研修をこなせばよい。

しかし欧米では、その社員に競争力がなければ、簡単にクビになる。だから選ばれ続けるために、必死に学ばなければならない。常に学ぶ機会が多い職場を選び、競争力をつけることで企業にPRし、より高い成長機会があれば転職をしていく。

欧米は企業と社員が平等な関係にあるのに対して、日本では終身雇用が前提であり、両者は平等ではない。「選び選ばれる関係」にあるのではなく、「一度選ばれたら働き続けられる」を条件に、会社の命令には従順に従う。その代わり、会社は競争力がない社員でも一生面倒を見ないといけない。

このような状態は、働く側には不幸だと言える。自分自身の競争力を考え、自らのキャリアを考えて生きた人と、会社にぶら下がって生きている人では、その差は歴然としている（日本で、リスキリングと声高に叫ばれているゆえんだろう）。

日本は資源が乏しく、人が大事な資源であるはずなのだが、現状は欧米に比べてはるかに劣っている厳しい現実がある。

求められる人的資本への投資

企業にとって最も大事なのは人である。そうした考え方に立脚した人的資本経営について、一橋大学の伊藤邦雄名誉教授がレポートをまとめているが、まさしく今の日本に求められている内容だ。企業は人材に求めるスキルを明確にし、投資をしていくべきだ。

第3章で紹介した先行事例に、日立の「NEXPERIENCE」（ネクスペリエンス）という顧客と協創するための方法論がある。これは顧客とのワークショップを通して、新しいビジネスのネタを見つけるところからはじまり、事業化まで共に作り上げていく方法論だ。こうした活動は人材に対しても変革を求めるものだ。企業は、自社が「どのような価値創造をしたいのか」を従業員に明示していくと同時に、それを実現するために「どのような人材が必要か」を伝えていくことが重要だ。

更に、そうした人材を育成するための教育プログラムを用意し、学ばせ、多くのプロジェクトに任用して育てていく。研修を通じた知識の習得に加え、実際の顧客に対する価値提供を通じて、知識、スキルは、血となり肉となる。企業はこうした動きを絶やさず、人的資本に継続的な投資をしなければならない。

どのような人材を、どの程度育てる必要があるかを明確にするには、そもそものスキルの明確化と従業員の保有するスキルの把握が必要となる。いまや個人（従業員）は、会社が実現したい価値、解決したい社会課題と共感できなければ働き続けてはくれない。

必要なのは、自社がどのような社会課題を解決したいのか、どのような顧客に対する価値を提供したいのかを明確にし、そこで求められるスキルを従業員に伝え、従業員一人ひとりに自らのキャリアプランを考えてもらうことだ。人から言われてやることと自ら考えてやることでは、その達成意欲は大きく異なる。仮に会社側が人材投資に予算を多く割いても、社員が受け身であるかぎり吸収の度合いは限定的であろう。

副業解禁、個人事業主制度の導入も

従業員のスキルの向上のための会社側の施策として、副業の解禁なども挙げられる。

たとえばロート製薬では２０１６年２月に、複業解禁として「社外チャレンジワーク制度」「社内ダブルジョブ制度」を制定。会社の枠を超えた新しい働き方を実践し、成果をあげている。

社外チャレンジワーク実践者数は、24年3月時点で延べ165名にのぼるという。主な社外チャレンジワークでは、美容ウェブライター（30代女性）、大学講師（50代男性）、キャリアコンサルタント（40代女性）、外国語講師（30代女性）、看板・広告のデザイン受注（30代男性）等がある。

社内ダブルジョブ（兼務）実践者は、24年3月時点で、192名にのぼっている。

経験者の声をみても、これまでの仕事で磨いたスキルを活用できる場所を見つけた喜び、やりたかったことに挑戦する具体的なイメージがわいた瞬間の自己成長、経営者として多角的な視野を持てた経験などが語られており、成長実感を得ていることが分かる。副業で得た知見の本業への還流も期待できる。社員の可能性を一つに限定しないことで、社員は自らの可能性を発見していける。

また、家庭用体重計の製造販売などを手掛ける大手メーカー・タニタでは、個人事業主制度を取り入れている。「日本活性化プロジェクト」といわれるこのプロジェクトでは、希望する社員は、会社との雇用関係を終了し、独立した事業主として業務委託契約を締結し、仕事を行う。２０１７年から開始されたこの仕組みは「個人の働きがい」に着目したものだ。社員という立場から個人を解放し個人事業主化することで、経営者としての自己裁量の権限を創出している。

このような事例に共通するのは、企業と働く個人の平等な関係性の構築である。たとえば副業を通じて、自分自身が様々なことを経験していくなかで、自身の価値を高める意識を強く持つことになる。与えられた仕事をするだけではなく、どんなことをしたらいいのか、何をすれば自分のビジネスパーソンとしての価値が上がるのか、考える力を養うことができる。タニタの制度は更にそれを進めたもので、企業と個人が対等な関係性で個人事業主として契約をする。これにより、個人事業主として翌年も選ばれる存在であるため、競争力を高める意識を持つ。それが、働きがいにもつながっていく。

昨今、日本企業が推進している働き方改革は、残業時間をなくすことがメインの関心事となりがちで、社員にとっての〝働きがい〟に着目していない。〝働きがい〟は、自立した個人が明確な目標を能動的に描いたとき、はじめて生じるものであり、会社から言われたことをしている人材では、決して持つことはできない。

個人が持つべき明確なキャリア志向

次に個人としての心構えを述べたい。

会社に依存をしていては成長することはできない。これまでのメンバーシップ雇用による総合職では専門性を持った人材は育ちにくく、個人が自ら、何の専門家となりたいのか、明確にキャリアプランを描く必要がある。その際、従来の「営業」「販売職」という職種ではなく、「顧客体験のデザイン、構築の推進」など、市場から求められる専門性を意識することだ。

具体的にどんなアクションをすればよいのか？　筆者は第一に転職サイト、人材エージェントへの登録を勧めたい。転職市場が現在どのような環境にあるのかを知ることが必要だ。昨今はビズリーチやリクルートエージェントなど多くの登録サイトがある。まずはこうしたサイトをよく調べてみよう。そして、どのような求人が出ているかを常に見ることだ。

営業という観点からすると、もはや、単純なセールスパーソンの募集は非常に少ない。「ソリューション営業」とか、「コンサルティング営業」など、様々な言い方がなされているが、それらの意味するところを考えることが大事だ。求人欄を眺めることは非常に重要で、それらは世の中の動向を示している。どんな資格が求められているのか、どんな素養を備えた人材が求められているのかを理解できる。こうした市場の動向に常にアンテナを張ることは、自分自身の価値を高める意識につながるだろう。後のキャリアに大きな影響を与える。

次に無駄な社内の付き合いはしないことだ。例えば社内のプロジェクトメンバーで、仲間意識を高めるために食事に行ったり、打ち上げをするのはよい。大いに意義がある。だが大先輩からのお誘いなどは、ほどほどにつき合うくらいでいい。先輩は敬うべきだが、古い成功体験を聞いても現代では使い物にならない。会社の歴史などを知ることに意義はあるが、過去の武勇伝に長い時間を費やすことはない。

優先度の低い付き合いには「資格試験の勉強があるので」など、差し障りのない理由をつけてお断りすればいい。私の場合、米国公認会計士などの資格の勉強をしていたため、常にそうした勉強を理由に断っていた。だからといって、関係性を断つわけではない。良好な人間関係を持つことと、無駄に居酒屋で上司や職場の愚痴に付き合うことは同じではない。実際多くの方が経験しているだろうが、そのような飲み会は、得るものが少ないものだ。言ってみれば究極に〝タイパ〟が悪い。

大事なのが社外との付き合いだ。今の日本の企業のキャリアコースはプロパー中心、役員もほぼプロパーだ。だが、社内の出世コースを上がっていくことを目的化しないほうがいい。自社しか知らない、単なる世間知らずになってしまう。積極的に外に出て、社外の人と会おう。そのほうが人を見る目も養われるし、自分のキャリアを見つめ直すこともできる。実際、社内の濃い人脈を持っている人たちより、社内にとどまらない緩やかなつながりを多数持っている人のほうが、より多くの成果、イノベーションを実現できることが、多くの論文などで証明されている。

デザイン思考を身に付けよう

これまでの人材育成ではロジカル思考が重視されていたが、論理的な思考では差別化した考え方は導きだしにくい。近年では、顧客起点で発想し商品やサービスの差別化にも向く、デザイン思考が重要視されている。

デザイン思考とは、デザイナー特有の優れた感性や思考のプロセスをビジネスに応用したものだ。ユーザー視点に立った深い洞察により、潜在的ニーズを発見し、それらに対する解決策を探る思考方法である。

ロジカル思考はあくまでも客観性をもった分析であるが、デザイン思考は顧客の視点に立つ、主観的思考だ。ロジカル思考ではだれもが納得できる客観的なアイデアは導きだせるが、ユーザーの心が高揚するようなものは生み出しにくい。ユーザーへの観察と共感が必要なデザイン思考では、その人なりの洞察が入り、顧客の身になって考え創造するため、感動的な体験創造につながりやすいとされる。

デザイン思考についてはは様々な書籍が発売されているので、詳しくない方がいたらぜひ手に取ってほしい。IDEOなど著名なデザイン思考の企業が、どのように製品開発を変えていったのかなど、よい具体例に触れることができるだろう。

顧客の課題を理解し、どのような姿を顧客の理想の姿とするのかを議論し、ビジョンを共有し、そこからロードマップを描き、価値を顧客と共創するというスキルは、どの業界にいっても重宝される。世の中、どんなにデジタル化されて技術が発展しても、顧客の理想の状態を描きだすことは人間にしかできない。

意識してスキルを磨いた人材は引く手数多

最後に現在、営業職として活躍されている方に、またこれから就職しようとしている方に、キャリア構築という観点で述べたい。

まず、働く場は常に厳しく選ぶことだ。会社に対する依存はなくそう。自分が最初に就職した会社で、終身雇用を前提に面白くもない仕事をずっと続けることはよくない。

ただ、仕事には辛抱も必要だ。この辛抱というのが厄介で、嫌なことを、歯をくいしばってやるのは健康衛生上よくない。「顧客のため、社会のために意義のある」「変革をリードしている」など、自分なりに働く理由を見つけられる場所を選定しよう。

大量消費時代の営業モデルはもう終わっているから、そのようなスタイルを引きずっている会社では働かないほうがいい。もし冷静に何度考え直しても、今働いているところで習得できることが、大量消費時代の古びた御用聞き営業なら、転職活動を開始したほうがいい。人が流動していかないと、古びた営業モデルは生き延びてしまう。

これまでの日本では、会社と個人は運命共同体だった。だが、そんな考え方は捨てたほうがいい。会社は個人を切り捨てることも多いし、会社もそこまで個人の面倒は見られなくなっている。だから個人で、会社をしっかりと選ばないといけない。

自分のキャリアパスを描き、自分自身がどうなるべきかを考えよう。営業というのは非常に素晴らしい仕事で、私も今の自分のキャリアを考えた際、営業を経験していなかったらできなかっただろうということが多い。営業の経験は、多くの汎用スキルを磨いてくれる。

自らの働き方を再考したくなったら、将来まで続く履歴書を作ってみてほしい。紙1枚、もしくはワード1枚に、これまでの自分のキャリアと将来の自分のキャリアを計画し、入力していく。そして毎年毎年ブラッシュアップしていく。なりたい自分を描き、会社のなかで自分が取り組めることを明確にし、それを積極的に周囲に伝えていこう。

顧客を成功に導くには、顧客を洞察する高い能力が必要だ。顧客の市場環境を分析していく力も必要だろう。特に最近は業界の垣根がなくなっているから、業界の中だけを分析していてもだめだ。大きなマクロのトレンドを見ることが必要だ。

たとえば過去は自動車業界を見ればよかったが、消費者の移動手段が自動車離れを起こしており、自動車は購入されなくなっている。カーシェアリングも進み、ＭａａＳといわれる様々な交通モードを組み合わせた事業者も存在している。

こうした、業界の垣根を壊すマクロのトレンドに注力することが必要だ。顧客との対話にもマクロの視点が有効で、業界内の競合の話をしても、絶対に顧客のほうが知っているし、そこでの議論に新しいものはあまりない。常に、業界をマクロで捉えることを意識しよう。

営業の需要は今後、減少していくが、意識してスキルを磨いた人材はどこからも引く手数多のはずだ。

読者の皆様が今後のキャリアパスを意識され、進まれることを願ってやまない。

おわりに

筆者は、大学時代に大前研一さんの本を読み、経営コンサルタントに将来なりたいと考えた。親が本田技研に勤めていたこともあり、将来、ソニーやホンダのようになれる日本の製造業の成長に寄与したいと考えたのだ。大前研一さんは日立製作所勤務後にマッキンゼーに入られている。それを知り、コンサルタントというのは実業経験者がやるものだと勝手に思い込んでしまった。コンサルタント会社が新卒採用をするという印象も全く持っていなかった。そのため、まず、実務経験を数年メーカーで積み、グローバル製造業での実務を理解したうえで、グローバル製造業に対するコンサルティングをしようと考えた。

これが自分なりに描いた「未来の履歴書」だった。

読者の方にもおすすめしたいのだが、履歴書の作成は、自分のキャリアを振り返り今後を考えるうえで非常に有効だ。その際、自身の過去をまとめるだけでなく、10年後くらいまでのキャリアを思い描き、予定として記入してみるとよい。これまでやってきたことを整理し、自らの頭で考え、なりたい姿を明確に描き、必要なスキルを書き出しておく。それをどのように習得していくのかも記入しよう。

筆者も自分自身のキャリアを振り返るとき、自分の履歴書の作成が最も効果的であった。筆者の場合、最初の企業に入社する前に履歴書と未来の予定を書きだした。当時から想定していたキャリアはグローバル製造業の経営コンサルタント。そのために必要なのは実務経験だと考えた。より具体的に言えば、英語力、財務会計、管理会計の理解力、実践力、営業、マーケティング、海外マーケティング、海外駐在、M&Aと買収後の組織統合の経験、そしてこれらのプロジェクトマネジメントを通じたプロジェクトマネジメント力が必要だと考えたのだ。こうした目標からの逆算ができれば、それらを積み上げていく未来のイメージを抱きやすい。

それを履歴書に落とし込み、実際の行動に移していく。資格が必要であれば資格の勉強をし、今できることを最大に価値ある経験にするため、能動的に動く。今いる環境の経験と異なる経験が必要であれば、自ら手をあげてチャンスを取りに行くことも大事だ。ときに想定外の事態も起こるだろうが、目標が定まっていれば対応も変わってくる。

会社に言われたことをやっているのでは、キャリアは描きだせない。自分の履歴書はパワフルなツールであり、未来の予定を盛り込むことで、目標を達するために何をすればいいか考えることができる。また、それを実現する自分の姿をイメージすることは、常に自分の希望となる。

未来を意識していくと、人付き合いも変わる。社内より社外の人々とより多く会わなければならないし、会社内のキャリアというより、自立したビジネスパーソンとしてのキャリアを考えるようになる。先ほど述べた社外に人脈を作る話とも繋がるのだが、目的が明確になっているほど積極的に動けるようになる。

筆者の場合、前職の製造業時代は、経営コンサルティング会社が入るプロジェクトには積極的に手を挙げて参加していた。それを通じて、経営コンサルタントと身近になれるからだ。そこから彼らがどういった仕事の進め方をしているか、どのようなスキルを持っているかを分析し、参考にさせてもらっていた。

予定外だったのは国内営業配属になったことだ。作成した履歴書では、海外マーケティングなどをやることになっていた。だが、こうした予定外もよいもので、多くの学びがあった。その後、国内営業を離れアメリカに駐在するのだが、駐在期間も自分がやりたいことを常に上司に希望として出すことで、ほぼ全てやりきって帰国した。そして帰国後、すぐに辞表を出した。当時の上司とは今でも付き合いが深いが、彼は私が帰国する前から「帰国したら退社するだろう」と思っていたそうだ。私は上司にも恵まれていた。

私にとって学生時代に経験した某メディアカンパニー（営業が強く起業家が多いことで著名な会社だ）の営業アルバイトと、大学卒業後に経験した精密機器メーカーの営業は、かけがえのない経験だ。私は、意識が経験の意味合いを変えると思う。

営業という仕事は、キャリアプランを意識してさえいれば、非常に得るものが多い。人間関係構築、人の洞察、社内外の調整など、どれ一つ無駄なものはない。

これまでの日本では「就社」という考え方のもと、終身雇用を前提に働いていた。従業員は職について給与をもらう代わりに、勤務地や仕事内容を会社の命令のもと、変更していく必要があった。よきゼネラリストであることが評価されてきた。かつてより専門職は多くなっているが、日本は伝統的に会社内で高度な専門家が育ちにくい。

一部には、転勤や仕事内容の変更により専門性を高めていく人もいるだろう。様々な業務をすることで視野が広がり、結果的に専門性が尖るということもある。しかしながら、それらは偶発的に起きていることのほうが多い。

プロフェッショナルというのは、常に他流試合をして能力を伸ばしていくものであり、一つの環境に留まるよりも、様々な業界で経験を積みたいと考える。そして、できるだけ短期間で自分のスキルを上げたいと思っている。日本の今の職場は、そういったモチベーションに応えられていない。

働き方改革が叫ばれて久しいが、筆者が考えるに、日本の職場ではむしろ「働き甲斐」が落ちている。本書は、営業という仕事を題材に、世の中の変化、仕事観の変化、会社や個人がどのように変わっていくべきかについて、問題提起したくて執筆したものだ。売上目標についての提言は、日経産業新聞2022年10月20日付「売上目標から顧客の成功へ——営業再構築」の記事でも一部触れた。その他、筆者が勤める野村総研の刊行物『知的資産創造』に挙げたレポートなどがもとになっている。

本書執筆にあたり、多くの企業に取材対応をいただいた。心より、御礼を申し上げたい。本書でとりあげた大和証券、ソニーグループ、ソニー損保、リコージャパン、日立製作所、コマツ、ミスミグループ本社、メニコン、ダイキン、アイロボット、横河電機、味の素冷凍食品、サントリーの皆様には心より、御礼申し上げたいと思う。

また、集英社インターナショナルの藤さんにも、本書の企画について当初から相談にのっていただいた。

そして本書の完成において、改めて私の両親、家族にも感謝をしたい。私がこのように元気にコンサルティングをできているのも、両親のおかげである。

父親が本田技研に勤めていたことから、「製造業に貢献したい」と考え、今に至る。私のキャリアパスを描くうえでの一番の原体験であり機動力だ。そして、パートをして私を大学に行かせてくれた母親にも心より、感謝申し上げる。家内も最近、母親の介護で大変ななか、いつもサポートしてくれて、感謝に堪えない。義母は残念ながら、22年の11月3日になくなったのだが、いつも私を褒めたたえてくれた。

義母の期待にしっかり応えられるよう、これからも精進したい。

2024年9月　　青嶋　稔

図版作成　アトリエ・プラン

青嶋《あおしま》 稔《みのる》

株式会社野村総合研究所フェロー。１９８８年精密機器メーカー入社後、10年間の米国駐在などを経て２００５年より野村総合研究所に参画。２０１２年同社初のパートナー（コンサルタントの最高位）に就任。２０１９年同社初のシニアパートナー、２０２１年４月より同社初のフェローに就任。米国公認会計士、中小企業診断士。近著に『リカーリング・シフト』（日本経済新聞出版）、『価値創造経営』（中央経済社）、など。

インターナショナル新書一四六

売上目標《うりあげもくひょう》を捨《す》てよう

二〇二四年一〇月一二日 第一刷発行

著者 青嶋《あおしま》 稔《みのる》

発行者 岩瀬 朗

発行所 株式会社 集英社インターナショナル
〒一〇一-〇〇六四 東京都千代田区神田猿楽町一-五-一八
電話 〇三-五二一一-二六三〇

発売所 株式会社 集英社
〒一〇一-八〇五〇 東京都千代田区一ツ橋二-五-一〇
電話 〇三-三二三〇-六〇八〇(読者係)
〇三-三二三〇-六三九三(販売部)書店専用

装幀 アルビレオ

印刷所 大日本印刷株式会社

製本所 大日本印刷株式会社

ISBN978-4-7976-8146-8 C0234

インターナショナル新書

134
罰ゲーム化する管理職
バグだらけの職場の修正法
小林祐児

高い自殺率、縮む給与差、育たぬ後任、辞めていく女性と若手——。社会問題ともいえる日本の管理職の異常な「罰ゲーム化」を、国際比較を含む多数のデータで分析。背景と原因を描き出し、解決策を提案する。

138
デジタル時代の恐竜学
河部壮一郎

近年、デジタルの活用で新種・新発見が相次ぐ恐竜研究。そのトップランナーの研究の日々と成果を紹介。岩石に埋まった化石を透視? ティラノサウルスは実は繊細? ペンギンモドキが「モドキ」じゃない?など。

139
クレーンゲームで学ぶ物理学
小山佳一

クレーンゲームの仕組みや景品ゲットまでの悪戦苦闘を描きながら、「座標・ばね・重心・てこの原理・振動・電磁誘導」といった、物理の基本に触れていく。ゲーム歴30年の物理学者による、オモシロ物理学入門!

140
味なニッポン戦後史
澁川祐子

だしから味の素まで、「うま味」をめぐる騒動とは? 糖質オフと甘いトマトとの関係は? 食糧難、高度成長、バブル崩壊、格差の拡大——。世相とともに揺れる日本人の味覚をたどれば、新たな戦後史が見えてくる。

インターナショナル新書

141

物理学者のすごい日常

橋本幸士

駅から学校まで、雨に濡れずに歩けるか。満員電車で席を確保する科学的方法。隣席の貧乏ゆすりを相殺する手段とは……。日々の生活を物理学的思考法で考え、実際に試してみる。常識をくつがえす、科学エッセイ。

142

人類1万年の歩みに学ぶ 平和道

前川仁之

世界の思想家、科学者、軍人らが追い求めた「平和志向」の歴史を旅する一冊！　ノンフィクション作家である著者が、古今東西、平和実現のための試みをつなぎ合わせ、現代人に求められる〝平和道〟を提示する。

143

日本はどこで道を誤ったのか

山口二郎

政治家や官僚の劣化、少子化による人口減少、上昇しない実質賃金、インフレによる生活苦……現在の日本社会が停滞している原因は、どこにあるのか？　令和の時代にふさわしい新しい政治のあり方を考え、提言する。

144

AIなき世界に戻れるか？ 物理学者、17の思考実験

須藤　靖

AIが人間の存在を脅かしたら、ハンマーで壊せばいい？　宇宙はなぜ、ごく少数の物理法則に支配されている？　アインシュタインはノーベル賞の賞金で離婚できた？　自由な発想とユーモアで読者を魅了する科学エッセイ。

インターナショナル新書

145
インド沼
映画でわかる超大国のリアル
宮崎智絵

なぜ踊る? なぜハマる? 映画制作本数世界1位を誇るインドの生活について、40を超えるインド映画から解説。植民地時代、カースト制、家族、トイレなどのインドを語る上で不可欠な14のトピックに迫る。

147
光速・時空・生命
秒速30万キロから見た世界
橋元淳一郎

この世界に光速を超える速度はない。超光速粒子タキオンやウラシマ効果などのSF感覚も導入し、時間と空間、実世界と虚世界、宇宙、哲学、生命、人類の未来にまで及ぶ、光速をめぐる壮大な思考実験を展開。

148
あなたの健康は免疫でできている
宮坂昌之

免疫が働きすぎるとどうなる? 病原体を記憶する免疫細胞とは? 免疫はがんに効く? 免疫学の第一人者が、誰もが知りたい「免疫のきほん」を50のQ&A形式で解説。免疫の新常識が身につく入門書!

149
中学受験のリアル
宮本さおり

増え続ける中学受験者数。一方、第一志望校に入れるのは3分の1に過ぎない。「全落ち」の衝撃、親子の葛藤、入学後の逆転……。「合格体験記」にはないドラマを求めて、15組の受験生親子を追ったノンフィクション。